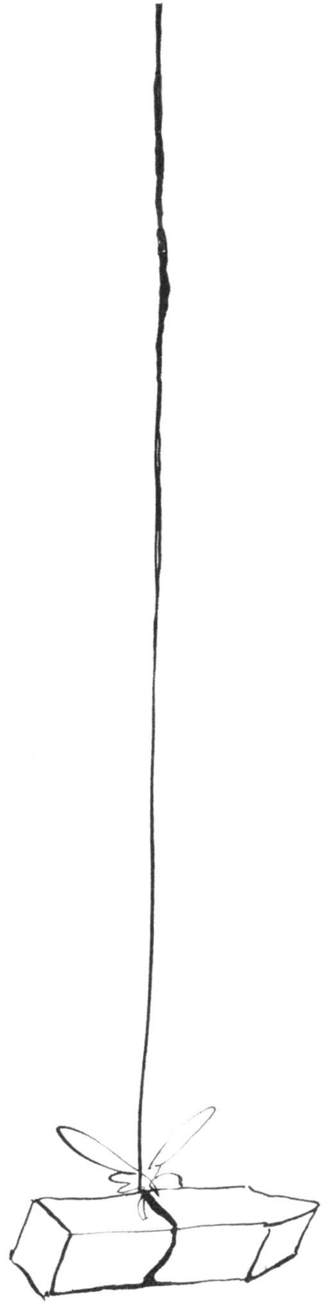

Schule

Druck: Dr. Cantz'sche Druckerei, 7302 Ostfildern 1 (Ruit)
Bindearbeiten: Sigloch Buchbinderei, Künzelsau
10 11 12 13 14 96 95 94 93 92
Auflage Jahr
(jeweils erste und letzte Zahl maßgeblich)

ISBN 3-8231-0111-0

Schule

Ein fröhliches Wörterbuch für Schüler
zwischen 6 und 18 Jahren
und gestreßte Lehrer jeden Alters,
für allzu ehrgeizige Väter
und meist nachsichtige Mütter.

Von Günter Stein
mit Zeichnungen von Klaus Meint

TOMUS

ABC-Schütze

A

ABC	Drei von insgesamt 26 Buchstaben, deren jeweils richtige Zusammensetzung bis zu 13 Jahren lang gelernt wird. Trotzdem kann man hinterher weder parallel noch Rhythmus richtig schreiben, ohne im Duden nachsehen zu müssen.
ABC-Schütze	Einer, der noch sehr genau zielen muß, um beim Schreiben den richtigen Buchstaben zu treffen.
abfragen	Regelmäßiger Versuch des Lehrers, den Wahrheitsgehalt eines anerkannten biologischen Gesetzes zu testen, wonach ein menschliches Gehirn so gut wie nicht in der Lage ist, irgend etwas zu behalten, was für den Besitzer des Gehirns weder interessant noch lebenswichtig ist.
Abitur	Krönender Abschluß der Gymnasial-Zeit. Offizielles Zertifikat, in dem einem bestätigt wird, über souveräne Kenntnisse in Differentialrechnung, Atomphysik, Shakespeare auf Altenglisch, Latein, Chemie u.a. zu verfügen; verschafft einem das Vorrecht, an einem Test für die Ausbildung zum Bibliotheksassistenten mit 150 weiteren Bewerbern teilzunehmen, in dem herausgefunden werden soll, wer von allen die ausgeprägteste Eignung dafür besitzt, Bücherstapel durch mehrere Räume zu tragen und Autoren in richtiger alphabetischer Reihenfolge in eine Kartei einzutragen und im Regal einzuordnen.
Abschlußfeier	Rührendes Glaube-Liebe-Hoffnung-Festival, bei dem man sich fragt, warum einem all die netten Menschen, die einem für die Zukunft soviel Gutes wünschen, in den vergangenen Jahren immer wieder solche Schwierigkeiten gemacht haben.
Abschlußprüfung	Letzte Bastion auf dem Weg von der Schule in die Freiheit. Besteht aus einem mündlichen, schriftlichen und oft auch praktischen Teil.

Analysis

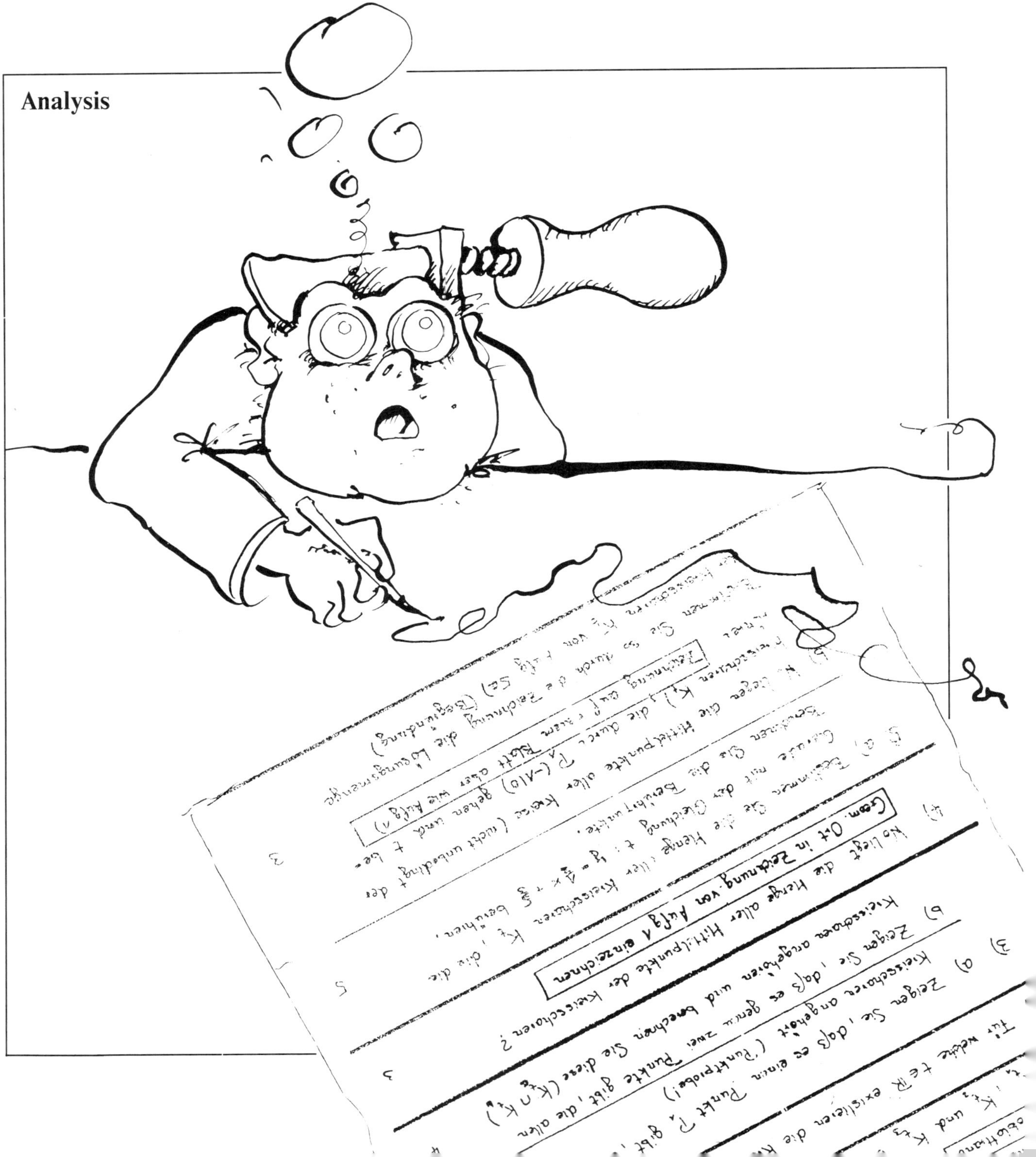

	Diese werden meist über mehrere Monate verteilt, so daß man lange was davon hat. Damit wird zugleich der Beweis geliefert, daß es neben den beiden bekannten Alternativen Ende mit Schrecken und Schrecken ohne Ende noch eine dritte Variante gibt: das Ende mit Schrecken ohne Ende.
abschreiben	Klarer Vertrauensbeweis an den Banknachbarn, dem man damit zutraut, die gestellten Aufgaben fehlerfrei gelöst zu haben. Gleichzeitig eine vorbildliche ökonomische Haltung, da man die einmal aufgewendete Energie optimal, nämlich auch für sich selbst, nutzt und mithin die eigene in diesem Fall einsparen kann.
Akiba, Ben	Jüdischer Schriftsteller und Schöpfer des Wortes „Alles ist schon mal dagewesen". Eine sicher zutreffende Erkenntnis, die aber gegen einen verwendet werden kann, wenn man zu Hause die wackelige Versetzung auf den Tisch bringt.
Algebra	Zweig der Mathematik, der sich der Buchstaben als Symbole bedient. Bietet einem mithin die überwältigende Möglichkeit, sich nicht nur verrechnen, sondern auch verschreiben zu können. Und zwar in Griechisch, Lateinisch und Deutsch.
Allgemeinbildung	Mehr wissen, als man gelernt hat.
Analysis	Teil der Geometrie. Beschäftigt sich damit, Flächen durch Gleichungen darzustellen, obwohl ein scharfes Messer und ein Zollstock beim Verlegen von Teppichböden wesentlich nutzbringender sind.
angepaßt	Eigenschaft eines Schülers, der darauf achtet, nirgends anzuecken und möglichst unauffällig die Schulzeit durchzustehen. Gehört in die Rubrik „erfolgreiches Überlebenstraining" und gilt seltsamerweise als verachtenswert.
Angstschweiß	Transpiration, die früher den Schüler beim Gedanken an die Schule heimsuchte und die heute auch den Lehrer beim Gedanken an die Schüler überfällt.

Aufmerksamkeit

Arbeit

Die alltägliche Verrichtung von zumeist wenig sinnvollen Tätigkeiten, von der aber alle Welt glaubt, daß sie dem Leben einen Sinn gibt.

Arbeitsamt

Kommt nach „Abitur". Jedenfalls im Alphabet.

Arbeitsbögen

Hektografierte Blätter mit Fragen, deren Entzifferung im allgemeinen schwieriger ist als ihre Beantwortung.

Attest

Ärztliche Bescheinigung darüber, daß es tatsächlich möglich ist, Fieber, Schweißausbrüche und Halsschmerzen auf dem reinen Autosuggestionsweg (inniges Wünschen, verzweifeltes Beten usw.) zu erzwingen.

Aufmerksamkeit

Gefährliches Training in Schizophrenie: Während der Geist in fernen Sphären schwebt, versucht das Gesicht den Eindruck konzentriertester Gegenwärtigkeit zu erwecken.

Aufsatz

Wichtigster Arbeitszweig des Deutschunterrichts. Besteht aus drei entscheidenden Phasen:

1. Unter den vorgegebenen Themen jenes auswählen, das sich am einfachsten in das Schema von Einleitung, Hauptteil und Abschluß pressen läßt.
2. Erkennen, daß man sich hierfür das wohl doch ungeeignetste ausgesucht hat, da sämtliche anderen bereits eifrig und wie unter einem höheren Diktat stehend schreiben.
3. Schlußphase: Nachdem man endlich den Faden gefunden hat und mit fiebriger Hand einen großartigen Gedanken an den anderen reiht, läutet es zur Pause, so daß man an der entscheidendsten Stelle abbrechen muß, da einem das Heft unnachsichtig aus der Hand gerissen wird.

Aula

Größter Saal in der Schule, der vorwiegend zum Verabreichen von Ansprachen gedacht ist. In diesen Ansprachen wird darauf hingewiesen, daß die Schule am Vorankommen ihrer Schüler interessiert ist und daß jeder normal Intelligente das Pensum und die Ansprüche schaffen kann, auch wenn es dem einzelnen mitunter keineswegs so vorkommt. Eine dunkle Prophezeiung, die bereits am nächsten Tag wieder voll zutrifft.

Ausgleich Die Möglichkeit, Schwachstellen in dem einen Fach durch Leistungen in einem anderen wettzumachen.
Beispiel: Latein mäßig, aber dafür in Mathematik nicht besonders.

Auslese Strategie der sogenannten Durchfallquoten, deren Soll an manchen Gymnasien drastisch heraufgesetzt wird, um eine bestimmte Anzahl an Klassen mit einer ebenso festgelegten Höchstzahl an Schülern zu erreichen. Tritt immer dann in Kraft, wenn das Unglück es will, daß zu viele Schüler aufgrund eines guten Notendurchschnitts oder einer dummerweise bestandenen Aufnahmeprüfung den Sprung ins Gymnasium geschafft haben. In diesem Fall werden die Anforderungen um eine Drehung höhergeschraubt, und die Meßlatte des Klassenziels wird um ein paar Zentimeter angehoben – in der Art, wie im Märchen die Prinzessin dem unerwünschten Freier immer neue und schwierige Aufgaben stellt („Jetzt tötest du den Drachen“, „Nun erschlag die beiden Riesen“, „Und nun leg den Schloßteich trocken“), in der Hoffnung, er möge irgendwann einmal versagen, was er auch prompt tut, wenn es sich nicht gerade um den Hauptheldenhandelt. Diese Auslese fällt unter den Begriff „humane Schule“, da sie etlichen in der Tat eine längere Schulzeit erspart.

---

aussteigen Der verständliche Wunsch, dem Leben irgendwann einmal die Zunge rauszustrecken.

---

auswendiglernen Bedeutet, den Inhalt mehrer Buchseiten gewaltsam in die Neuronen der Großhirnrinde zu pressen, und beruht auf dem Irrtum, ein voller Kopf sei automatisch auch ein kluger.

Autorität Begriff aus den 70er Jahren. Man versteht darunter die rätselhafte Kraft eines Lehrers, die diesen zu der Äußerung befähigt: „Zum Austreten ist die Pause da!“, ohne daß es zu einer Protestbewegung

auswendiglernen

kommt, die in der zweiten Stufe alle Unterdrückten dieser Erde einbezieht und schließlich mit einem Sturm auf das amerikanische Generalkonsulat endet.

B

Ballast Unterrichtsfächer, die dem erklärten Schulziel, nämlich der Heranbildung künftiger Nobelpreisträger für Kernphysik, im Wege stehen und deshalb abgeschafft werden sollen. Im Gespräch sind vor allem Geschichte und Rechtschreibung.

Bank Arbeitsplatz, an dem der Mensch mindestens neun Jahre lang tätig ist. Und das noch kostenlos, denn bei den Noten, die er dort in Empfang nehmen darf, handelt es sich leider nicht um Banknoten.

Beförderung Im Berufsleben Aufrücken in eine höhere und damit besser bezahlte Position, wenn man für die augenblickliche a) zu gut ist, b) zu schlecht ist. Leider ist dieses Beförderungs-Prinzip noch nicht in Form verbesserter Versetzungsrichtlinien auf die Schule übertragen worden.

befreit Im Sinne von: befreit vom Unterricht. Zeigt schon durch diese Wortwahl an, wie der Unterricht von der Schule selbst eingeschätzt wird.

Benotung Das spaßige Befinden darüber, ob die Übersetzung eines Stückchens Cäsar nun befriedigt oder ob sie ausreicht und ob das eine besser ist als das andere.

Beruf Lebenslängliche Tätigkeit und deshalb eine Entscheidung allergrößter Tragweite, die man zwischen dem 15. und 20. Lebensjahr treffen muß. Erfreulicherweise wird sie einem in der Regel vom Berufsberater des Arbeitsamtes abgenommen, der genau weiß, wofür man geeignet ist und was man demzufolge ein Leben lang tun möchte. Bei dieser Empfehlung richtet er sich vorwiegend

Benotung

nach den Stellen in seiner Kartei, für die es weniger als 50 weitere Bewerber gibt. Dieser sehr zweckgebundene Umgang mit der Zukunft findet in dem Lehrstellen-Aspiranten insofern ein bereitwilliges Opfer, als man in diesem Alter ohnehin nicht weiß, womit man sich die Zeit bis zum 65. vertreiben soll (wobei man immer noch hoffen kann, daß die Gewerkschaft das Rentenalter bis dahin gravierend heruntergestreikt hat), an allem desinteressiert ist und sich voll damit zufrieden gibt, das absehbare Verlassen der Schule als den ohnehin größten Erfolg zu werten.

Berufsschule Die Schule, die man nach dem Verlassen der Schule besuchen muß.

Berufswunsch Die erklärte Absicht, über kurz oder ganz kurz den Status eines millionenschweren Schlagerstars, Filmdarstellers oder Fußballspielers zu erreichen, mit Porsche und diversen Fotomodellen sowie ständigem Wohnsitz auf den Bahamas. Der Lehrstelle als Einzelhandelskaufmann bei dem Edeka-Laden an der Ecke, zu der man sich hat überreden lassen, kann also nur eine vorübergehende Bedeutung zukommen.

Bescheidenheit Demonstrativ zur Schau getragene Verhaltensweise, mit der man andeuten möchte, daß man sie eigentlich gar nicht nötig hätte.

Beste, das Etwas, das die Eltern grundsätzlich für einen wollen. Wird nicht näher definiert, bedingt aber, daß man auf jeden Fall jetzt immerzu Dinge tun muß, die keinerlei Spaß machen.

Betragen Einziges Fach, in dem die praktizierte Gleichgültigkeit gegenüber allem, was Schule heißt, eine gute Note einbringen kann.

Bildung Zu wissen, daß Mars ursprünglich kein Schokoladenriegel war, Ariel kein Waschmittel, Ajax kein Allzweckreiniger, Puschkin kein Schnaps und Bismarck kein Hering.

Bildungs-Politiker Vergleichbar einem Deutschland-Politiker. Jemand, der sich hauptamtlich und auf Staatskosten um etwas kümmert, das es gar nicht mehr gibt.

Betragen

Biologie	Alles über den Unterkiefer der Blattlaus.
Blauer Brief	Offizielle Bestätigung dafür, daß nächtelanges Lernen, Verzicht auf jede Form von Freizeit, unermüdliches Mitarbeiten und geniale Antworten von der Schule einfach nicht anerkannt werden, mithin also erster schmerzlicher Kontakt mit der Tatsache, daß die Welt gegen einen ist.
blödeln	Vergleichbar dem Sport: dient der Lockerung und kann über längere Sicht hin ganz schön anstrengend sein.
Bücher	Umständliche Nacherzählungen mäßig interessanter Filme und Fernsehstücke, die eigenartigerweise vor deren Entstehen geschrieben wurden.
büffeln	Auch: ochsen (Ochsentour!): Die unkomfortabelste Art, sich Wissen anzueignen. Aber die einzige, die einem bleibt, wenn man nicht so begabt ist wie der ältere Bruder der Freundin, dem „einfach alles nur so zufliegt".

C

Casus belli	Nicht etwa: Der Hund bellt!, sondern: Kriegsgrund. Zu Hause beispielsweise das Eintreffen eines „Blauen Briefes" (s. d.).
Chance, letzte	Die Möglichkeit, einen mit gutem Gewissen doch noch durchrasseln zu lassen.
Chemie	Eine der wenigen legalen Möglichkeiten, die Schule mit einem Schlag zu vernichten.
Chemiesaal	Moderne Weinkellerei.
Comics	Fernsehen zum Lesen.

Computer Modernes Unterrichtsgerät, das einem beim Lernen die Illusion vermittelt, man würde fernsehen, und das beim Anzeigen eines Fehlers wenigstens nicht die Worte hinzufügt: „Das hab' ich mir gleich gedacht".

D

Denken, kritisches Äußert sich darin, daß man zu den großen Problemen unserer Zeit die Diskussion sucht, bei der man den anderen aber möglichst nicht zu Wort kommen läßt.

Deutsch Oder: Wie verheimliche ich neun Jahre lang erfolgreich die Namen Schiller und Goethe?

Dichter Autor, der bei Reclam erscheint.

digital Vom lat. digitus = Finger – mit den Fingern. Sollte man also mit Messer und Gabel Schwierigkeiten haben und zu Hause wegen unappetitlichen Benehmens bei Tisch Vorwürfe bekommen, kann man ruhig behaupten, man esse digital, was das Benehmen sofort in einem anderen, besseren Licht erscheinen läßt. Bei manchen Gerichten, z. B. Wienerwald-Hähnchen, ist ohnehin die digitale Essensweise obligatorisch.

Direktor Erfreuliche Erscheinung, da bei seinem Anblick der Lehrer zusammenzuckt.

Diskothek Übungsgelände, um zu lernen, wie man einem anderen mit einer Stimmstärke von 121 Phon etwas ins Ohr flüstert. Gilt als Erholung von der Schule und spricht damit eigentlich das schlimmste Verdikt über diese.

Disziplin Veraltete Lehre, wonach angeblich Stillsitzen und Zuhören die besten Voraussetzungen darstellen, um etwas mitzukriegen. Ver-

Computer

stößt leider gegen die freie Entfaltung des Menschen und wurde demzufolge ersatzlos gestrichen.

Drei Notenwert. Auch bekannt unter der Bezeichnung „die Eins des kleinen Mannes“.

Dreisatz Die Methode, mit der man herausfinden kann, wie viele Maurer eine Wand in drei Tagen hochziehen können, wenn 491 Maurer in der Lage sind, dies in 45 Minuten zu schaffen. Eine in der Zeit der allgemeinen Baukrise (Neue Heimat!) völlig unnütze Fähigkeit.

Dynamik Betont aktives Mitarbeiten, um durch ständige Präsenz mögliche Wissens-Schwachstellen zu kaschieren. So bleibt zwar eine falsche Antwort, zu deren Abgabe man sich freiwillig gemeldet hat, immer noch eine falsche Antwort, doch suggeriert sie zumindest engagierte Teilnahme am Unterricht – ein Bonus, auf den man verzichtet, wenn man wartet, bis man aufgerufen wird, um dann die falsche Antwort zu geben. Auf diese Weise prägt man durch dynamisches Verhalten viele positive Bilder in das Gedächtnis des Lehrers, so daß er kaum auf die Idee kommen wird, die Versetzung in Frage zu stellen.

E

Ehrgeiz Die krampfhafte Bemühung, eine Zwei zu schreiben, wenn eine 3,5 für den erforderlichen Notendurchschnitt ebenfalls ausreicht.

Ehrgeiz, elterlicher Der Wunsch, das Kind möge in seiner schulischen Qualifikation möglichst optimal zu dem metallic-braunen Sechszylinder aus Untertürkheim passen.

Einmaleins Galt lange Zeit als verniedlichendes Symbol für alles, was mit Mathematik zu tun hat. Wurde überraschenderweise vom Computer bestätigt, der bewies, daß man mit dem Ergebnis von ein mal

Drei

einpauken

willst du böser Geist von mir?
Marmor, Pergament, Papier?
ll ich mit Griffel, Meißel, Feder sch
h gebe jede Wahl dir frei.
phistopheles. Wie magst du
ur gleich so hitzig übertreiben,
t doch ein jedes Blättchen gut.
unterzeichnest dich mit einem T
Herrn Mikrokosmus ne
mit warmen
Faust. Wenn dies dir völlig Gnüge tut,
So mag es bei der Fratze bleiben.
Mephistopheles.
Blut ist ein ganz besondrer Saft.
Faust. Nur keine Furcht, daß ich dies Bün
Das Streben meiner ganzen Kraft
Ist grade das, was ich verspreche.
Ich habe mich zu hoch gebläht;
In deinen Rang gehör ich nur.
Der große Geist hat mich verschmäht,
Vor mir verschließt sich die Natur.
Des Denkens Faden ist zerrissen,
Mir ekelt lange vor allem Wissen.
in den Tiefen der Sinnlichkeit
ühende Leidenschaften stille
zum Augenb
doch! du bist so schön!
verschließen,

eins und ein mal null als Basis tatsächlich so ziemlich alles anstellen kann – bis hin zum bemannten Mondflug. Eine deprimierende Erkenntnis für alle, die sich unter unendlichen Mühen Dreisatz und schwierige Formeln einverleibt haben.

einpauken	Sich einen Lehrstoff so lange und ausgiebig auf den Kopf schlagen, bis der Kopf nachgibt.
Eins	Absolute Traumnote, die nach der Wahrscheinlichkeitsrechnung ebenso schwer zu schaffen ist wie ein Sechser im Lotto. Wobei es ungeachtet dieser Tatsache immer wieder Leute gibt, die anscheinend in der Lage sind, die Gesetze dieser Wahrscheinlichkeitsrechnung außer Kraft zu setzen.
Einschulung	Wichtiges Datum im Leben des Menschen, von wo an immerzu irgendwelche Leute etwas von ihm wollen und bei jeder Antwort die Augenbrauen hochziehen. Wird als „Schritt ins Leben" bezeichnet und von jedem verlangt, der sechs Jahre alt ist und sich mit der rechten Hand ans linke Ohr fassen kann, obwohl diese Fähigkeit später kaum noch gefragt wird.
Eintrag	Negativer Vermerk im Klassenbuch. Entspricht einer gelben Karte auf dem Fußballplatz. Wobei gleich hinzugefügt werden muß, daß die Einführung einer Zeitstrafe in der Schule leider nicht vorgesehen ist.
Eltern	Eigenartiges Menschenpaar, das irgendwann einmal, wahrscheinlich zur Jahrhundertwende, zur Schule ging, als man noch „geteilt durch" sagte statt „aufgeteilt in", und das demzufolge absolut unfähig ist, die Probleme der heutigen Zeit auch nur annähernd zu verstehen.
Elternabend	Zwei- bis viermal jährlich stattfindendes Erlebnis, das für die Beteiligten folgende Bedeutung hat: 1. Für den Vater: Er muß innerlich die Tatsache bewältigen, wieder eine Schule und ein Klassenzimmer zu betreten, so daß er zunächst annimmt, er träume nur mal wieder schlecht und werde jeden Moment aufwachen. Da er überraschenderweise

aber nicht geweckt wird, muß er sich damit abfinden, einen Abend lang wieder in einer Bank zu sitzen und von einem Lehrer beaufsichtigt zu werden. Dies ist besonders lästig, wenn die schräg vor ihm sitzende Mutter ein reizendes Viertelprofil hat, in dessen Anblick er sich versenken möchte. Dann muß er sich wieder einmal, wie vor sehr vielen Jahren, leicht ducken und ein interessiert abwesendes und nachdenkliches Gesicht machen, wenn es an die Wahl des Elternsprechers geht – eine ehrenvolle und wichtige Position, vor der er sich drückt, ohne daß es so aussieht, daß er sich drückt. Anschließend muß er zur Kenntnis nehmen, daß die Söhne und Töchter aller anderen Eltern keinerlei ernsthafte Probleme haben, so daß es sich bei den paar „echt aussichtslosen Fällen“ nur um das Mitglied seiner Familie handeln kann. Der Rest des Abends ist einer ausführlichen Diskussion über das Pro und Kontra eines neuen Fahrradständers im Hof gewidmet. Und all das muß er hinnehmen mit dem Wissen, daß zu Hause im Fernsehen Dallas läuft.

2. Für den Sohn/die Tochter: Für ihn/sie ist der Elternabend vergleichbar mit dem Besuch einer UN-Kommission in einem Arbeitslager, das zuvor mühsam geschönt wurde, so daß keine einzige der himmelschreienden Unstimmigkeiten und Mißstände zur Sprache gebracht wird.

Elternsprechstunde Möglichkeit der Eltern, mit dem Klassenlehrer unter vier bis sechs Augen zu sprechen. Bringt im allgemeinen folgende Erkenntnisse:

a) Für die Eltern: daß der Sohn schon seit Wochen krank ist und am Unterricht nicht teilnehmen kann.

b) Für den Sohn: daß es sich bei dem Lehrer um einen netten Kerl handelt.

Englisch Eigenartige Sprache, in welcher wo nicht who heißt, sondern where. Und wer nicht where, sondern who. Und become nicht bekommen, sondern werden, und snake nicht Schnake, sondern Schlange, eagle nicht Igel, sondern Adler und boot nicht Boot, sondern Stiefel. Davon abgesehen ist der Unterricht in Englisch

Eins

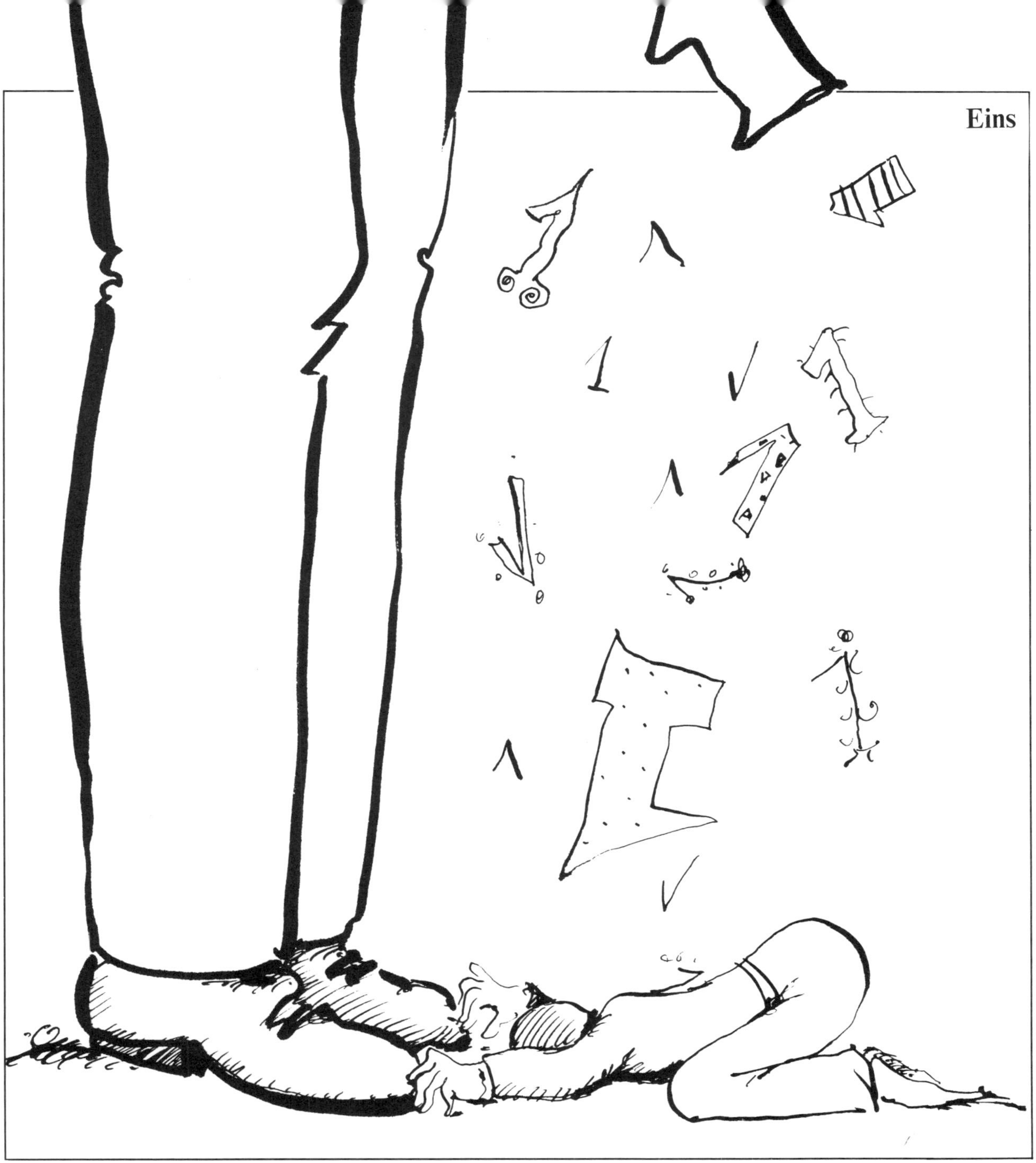

nicht besonders schwer: Man muß nur auf die paar wenigen deutschen Worte, die sich in der Umgangssprache noch finden lassen, verzichten, und schon bleibt ein perfektes Englisch übrig.

Entschuldigungszettel Elterlicher Attest-Ersatz für bis zu zweitägigem Fernbleiben von der Schule. Enthält als Gründe zumeist schwer nachprüfbare Leiden wie Übelkeit, allgemeines Unwohlsein, Magenschmerz etc., die sich auch wieder von alleine im Nichts auflösen, und muß von einem Elternteil unterschrieben sein. Viele Entschuldigungszettel (lt. letzter Allensbacher Untersuchung 97%, doch die Dunkelziffer soll weitaus höher liegen) werden indes von den betroffenen Schülern selbst und in eigener Regie ausgeführt. Wobei der Text kühl auf der Maschine getippt wird, während es sich bei der Unterschrift um eine geschickte Nachempfindung handelt. Dabei zeigt es sich immer wieder, daß es einfacher ist, die väterliche Unterschrift nachzuvollziehen, da charaktervolle Ausdrucksstärke leichter von der Hand geht als lesbare Signaturen, die dennoch nicht kindlich sein dürfen. Ab 18 darf man sich Entschuldigungszettel ganz offiziell selbst ausstellen, aber da macht es eigenartigerweise keinerlei Spaß mehr.

Erdkunde (auch Geographie, Weltkunde usw.) Der sich über mehrere Schuljahre hinziehende Versuch, die Entstehung der Alpen zu erklären, unter Aussparen jeglichen Hinweises, wo sich diese befinden.

Erfahrungen Im Laufe der Jahre angesammelter Schatz an Erkenntnissen, deren schmerzlichste die ist, daß ihn keiner haben will.

Erkältung Harmloses Unwohlsein, das einen aber für einige Tage ans Bett fesselt, so daß man noch lange danach bei Fragen, deren Antwort man nicht weiß, sagen kann, daß man damals gefehlt habe.

Ermunterung Tröstlicher Zuspruch des Lehrers vor einer Klassenarbeit. Besteht im allgemeinen in den Worten: „Da sind ein paar Fallen drin. Bin mal gespannt, wer von euch sie findet!“

Ernst Hier: des Lebens. Pauschale Bezeichnung für alles, was nach der Schule kommt. Impliziert automatisch, daß es sich bei allem, was

Ernst

davor liegt, anscheinend um Spaß handelt. Mithin ist also an all den Schulproblemen, die man hat, ausschließlich die eigene Humorlosigkeit schuld.

Erstkläßler Rührender Schulanfänger, der sich insgeheim an die Hoffnung klammert, es bestehe eine beiderseitige Probezeit.

Erwachen Allmorgendliches Erlebnis, das auch ohne die Aussicht auf eine Klassenarbeit unangenehm genug ist.

Erwachen, böses Wenn man bei der Errechnung des Notendurchschnitts in Mathematik einen entscheidenden Fehler gemacht hat.

Experiment In der Physik und Chemie der Versuch einer Nachprüfung, ob bestimmte Behauptungen im Lehrbuch unverändert den Tatsachen entsprechen oder ob es sich die Natur seit der letzten Auflage vielleicht doch anders überlegt hat.

F

Fahrrad Relativ zuverlässiges und umweltschonendes Nahverkehrsmittel, dessen Nachteil darin liegt, daß es einen vom Unterrichtsstoff ablenkt, da man immerzu daran denken muß, ob sie einem wohl wieder die Luft rauslassen.

Familie Willkürlich zusammengesetzte Personengruppe, deren Hauptbeschäftigung anscheinend darin besteht, über einen den Kopf zu schütteln.

Fehler Der mit Strafe belegte Versuch, aus überkommenen, verkrusteten Bahnen auszubrechen und neue, eigenständige Lösungen anzubieten.

Ferien, große Als Erholung gedachte Zeitspanne, die aber in reinen Streß ausarten kann, wenn man sich bewußt darum bemüht, sie mit genügend Erlebnis-Stoff anzufüllen, um hinterher einen drei Seiten langen

Erstkläßler

	Aufsatz darüber schreiben zu können. Wobei man außerdem noch darauf achten muß, daß man nur etwas erlebt, was man auch beschreiben kann.
Finger strecken	Tollkühne Methode, zu verbergen, daß man nichts weiß.
Fleiß	Angeblich wichtigster Weg, sich Wissen anzueignen. Jeder Empfänger eines Blauen Briefes muß sich mit der (ungerechtfertigten) Anschuldigung auseinandersetzen, daß er „durchaus intelligent genug ist, den Lehrstoff zu bewältigen, leider aber nicht genügend tut". Dieser Vorwurf ist tückisch und unfair, da er dem Beschuldigten keine Chance läßt, sich mit der Behauptung des Gegenteils zu verteidigen, denn dies würde das Eingeständnis mangelnder Intelligenz bedeuten. (Wobei es sich aber lediglich um *die* Form von Intelligenz handelt, die zur Bewältigung von Schulwissen geeignet ist – ein gravierender Unterschied, der aber kaum jemandem bewußt ist!) Da aber ein faules Genie in der allgemeinen Wertschätzung weit höher steht als ein bemühter Dummkopf, muß man die Anschuldigung auf sich sitzen lassen, zerknirscht Besserung geloben und kann somit für den Rest des Schuljahres nur noch aufs Glück hoffen. Also darauf, daß der Nebenmann, bei dem man abschreibt, nicht mehr so viele Fehler macht bzw. sich eine bessere Schrift zulegt. Hat man dieses Glück dann tatsächlich gehabt, so wird man mit den Worten gelobt: „Na bitte, es geht doch. Man muß euch Kerlen nur mal ordentlich Dampf machen!"
Formalismus	Lehre, wonach das Äußere wichtiger ist als der Inhalt. Beispiel: Es ist wichtiger, darüber nachzudenken, ob man Erdkunde sagt oder Weltkunde oder Geographie, als darüber, wie man es schafft, dem Schüler klarzumachen, daß Berlin nicht die Hauptstadt von Moskau ist.
Formel	Knappes, einfach und überzeugend wirkendes Kürzel für die Lösung einer bestimmten Art von mathematischen Problemen, das aber eigenartigerweise niemals auf die Aufgabe paßt, die einem in der Arbeit gestellt wird.

Finger strecken

Fremdsprache

Fräulein Vertrauliche Anrede aus der Voremanzipationszeit für eine Lehrerin, gleich welchen Alters. Wurde inzwischen weitgehend abgelöst durch die Formulierung: „Bitte, Frau Müller-Wahlensiek."

Fremdsprache Verständigungsmittel im Ausland, das man sich vorher zu Hause per praktischem Ratgeber im Umriß aneignen kann. Besteht im wesentlichen aus Hilferufen wie: Ich habe kein Wechselgeld, Man hat meinen Koffer vertauscht, Ich kann meinen Paß nicht finden, Ich habe den Zug nach Calais verpaßt, Aber ich habe das Zimmer doch reservieren lassen usw. Fremdsprachen werden auch auf der Schule gelehrt, bestehen dort aber vorwiegend aus wenig verwendbaren Sätzen wie: Der König, die Königin, der Prinz und die Prinzessin sind im Garten.

Fremdwörter Beliebtes Sprachgewürz, mit dem man auch faden Erkenntnissen noch einen interessanten Geschmack geben kann.

G

Ganzheitsmethode Löste die alte Schreiblehrmethode ab, die darin bestand, erst die Buchstaben zu lernen und diese dann zu Wörtern zusammenzufügen, und deren gravierendster Fehler darin lag, daß man das „schon immer so gemacht hat". Die neue Ganzheitsmethode ging deshalb den genau umgekehrten Weg, indem sie versuchte, die einzelnen Buchstaben anhand kompletter Worte erlernen zu lassen. Diese Methode brachte ganze Rudel von Legasthenikern hervor und hatte damit zumindest den Vorteil, einen neuen Berufsstand – Kinderpsychologen – zu initiieren und diesem zu gutem Einkommen zu verhelfen.

Gedächtnis Rätselhafte Stelle im Gehirn, die jede Gemeinheit des Lehrers akribisch speichert, sich aber weigert, die 20 Vokabeln, die man gestern konzentriert gelernt hat, über Nacht zu behalten.

Gedicht	Erzeugnis einer bestimmten Drüse des Menschen, die sich automatisch in Tätigkeit setzt, wenn einen die Freundin verlassen hat oder sonstwie nichts mehr von einem wissen will. Bestand früher aus Zeilen, die sich hinten reimten, während die modernen Gedichte grundsätzlich ungereimt sind.
Gemeinschaftskunde	Unterrichtsfach, in dem sich ein Lehrer über mehrere Jahre hin vergebens bemüht, den Unterschied zwischen Bundestag, Bundesrat und Bundesversammlung zu erklären.
Geometrie	Zweig der Mathematik, der sich mit Linien, Flächen usw. beschäftigt. Lehrt u. a., daß ein Punkt ein Gebilde „ohne jede Ausdehnung ist", also real gar nicht vorhanden sein kann, aber wehe, man vergißt ihn mal irgendwo oder ersetzt ihn durch ein Komma!
Germanistik	Wissenschaft von der deutschen Sprache, aber in der Schöpfung sowie im Gebrauch von Fremdwörtern von keiner anderen Wissenschaft erreicht. Der Hauptzweck eines Germanistik-Studiums besteht darin, durch genügend Nachwuchs den Bestand an Germanistik-Professoren zu erhalten, deren Aufgabe es ist, Germanistik-Studenten zu unterrichten, die wiederum die Aufgabe haben, den Nachwuchs an Germanistik-Professoren sicherzustellen, deren Hauptzweck es ist, Germanistik-Studenten . . . usw.
Geschichte	Unterrichtsfach, in dem nachgewiesen wird, daß der Peloponnesische Krieg eine Gemeinschaftsarbeit vom Alten Fritz, Bismarck und Kaiser Wilhelm war, und von dem außerdem hängenbleibt, daß es sich bei Alexander dem Großen, Adolf Hitler und Napoleon um Zeitgenossen handelt, die zwischen 1900 und 1950 gelebt haben.
Gesellschaftslehre	Studienfach, in welchem der schon bei Kindern feststellbare Standpunkt, an allem Unheil seien grundsätzlich die anderen schuld, zur Wissenschaft erhoben wurde.
Gleichung	Mathematische Konstruktion von strenger Logik, deren Lösung bestechend einfach erscheint und auch sofort einleuchtend und

Gedicht

nachvollziehbar ist, wenn sie der Lehrer Stück für Stück an der Tafel demonstriert, die sich aber schlagartig in ein undurchdringliches Dickicht verwandelt, wenn man allein gelassen – zu Hause oder in einer Klassenarbeit – damit konfrontiert wird.

Glück

Augenzwinkern der Götter. Äußert sich beispielsweise darin, daß es in genau der Sekunde läutet, in der man aufgerufen wurde, um einen längeren lateinischen Satz zu übersetzen, dem man schon beim Vorlesen anmerkte, daß er einem sein Geheimnis nicht preisgeben würde.

Glücksgefühl

Zustand äußerster Euphorie, den Normalsterbliche nur in ganz seltenen Augenblicken erleben dürfen. Einer dieser Augenblicke sind die Sekunden, in denen man das Schulgebäude verläßt, um in die Sommerferien zu gehen – mit einem Zeugnis in der Tasche, dessen Fazit lautet „Versetzt nach Klasse 3a“, und mit einer interessanten Ferienreise in Aussicht. Allerdings darf man nicht vergessen, daß man diesen Moment entsprechend hoch bezahlen muß: mit dem Augenblick, in dem man nach sechs Wochen Ferien wieder die Schule betritt.

Goethe

Namensgeber einer großen Anzahl von Schulen. So gibt es in jeder Stadt neben der Grundschule, der Hauptschule und der Realschule auch eine Goethe-Schule. Goetheschulen befinden sich meist in der Bismarckstraße, während sich die Goethestraße dort befindet, wo das Bismarck-Denkmal steht.

Grammatik

Sprachlehre. Will uns erzählen, daß es sich bei dem Satz: „Ich gehe zur Schule“ um das Präsens Aktiv handelt, während wir es hier doch ganz eindeutig mit dem Perfekt Passiv zu tun haben – der vollendeten Leideform.

Grundschule

Früher „Volksschule“ – eine Bezeichnung, die abgeschafft wurde, weil hier der Begriff „Volk“ erstens vorkommt und zweitens angeblich in einer etwas herablassenden Art gebraucht wird. Wurde in

Glück

Gymnasium

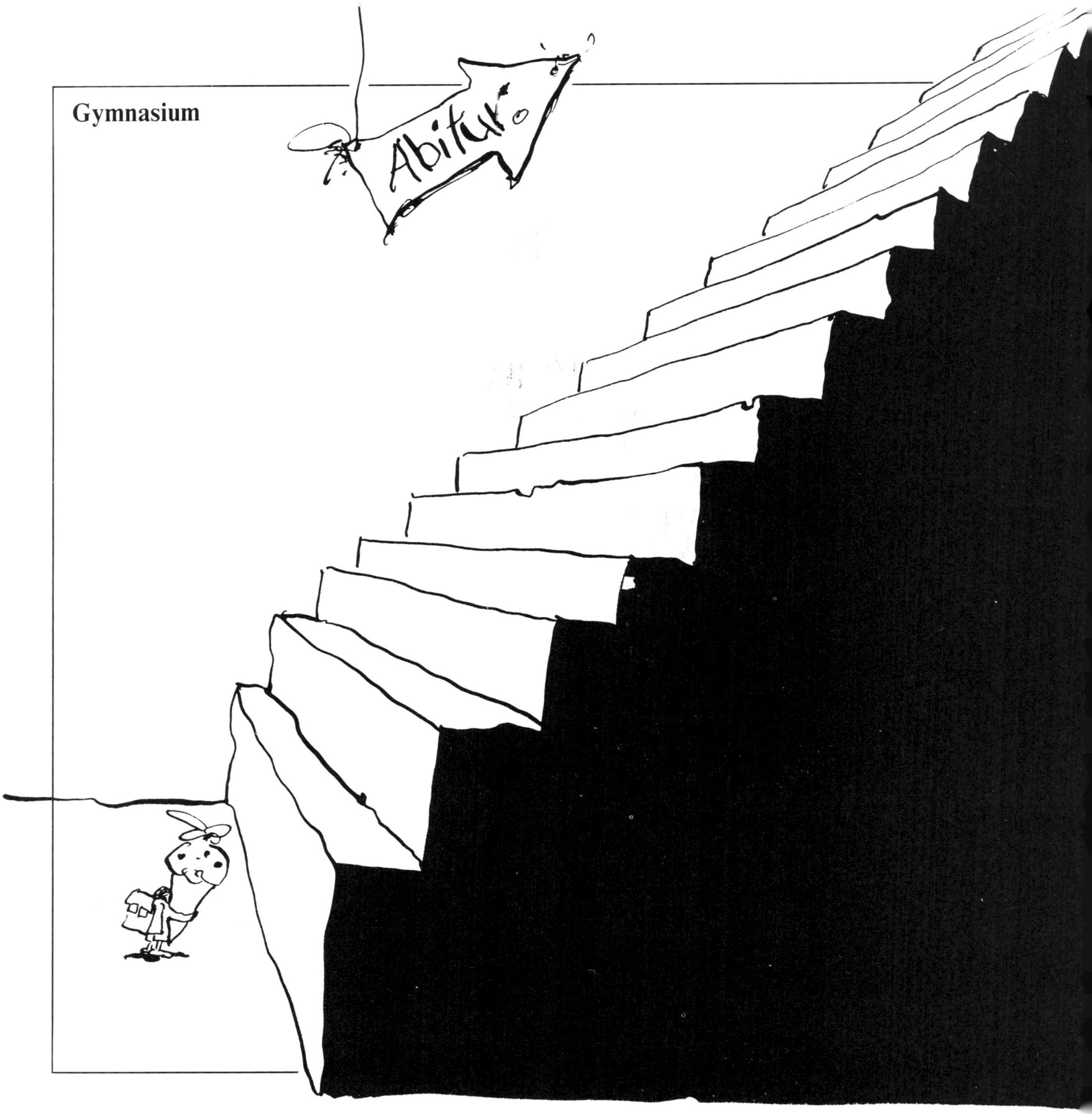

„Grundschule" umbenannt, da hier die Wissensgrundlagen gelegt werden, die später der Lehrer am Gymnasium so schmerzlich vermißt, so daß er noch mal ganz von vorn anfangen muß – also wie man multipliziert und wie die vier Fälle heißen.

Gymnasium — Höhere Lehranstalt, deren Besuch mit einer Aufnahmeprüfung verbunden ist bzw. eine bestimmte Durchschnittsnote aus der vorangegangenen Grundschule nötig macht. Endet mit dem Abitur und gibt jedem Absolventen eine gute Ausgangsbasis bei der Bewerbung um die Stelle eines Tankwarts.

H

Hälfte — Hier meist als größere Hälfte gebraucht, also: Anzahl der Schüler, die „anscheinend nicht wissen, worauf's ankommt". Sprachlich anfechtbar, da Hälften immer gleich sind. „Doch", so kürzlich ein Mathematiklehrer, „wenn ich das erkläre, paßt grundsätzlich die größere Hälfte nicht auf!"

Handschrift — Ausdruck der Persönlichkeit, wo sie sich am freiesten entfalten kann.

Hauptschulen — Institute, in denen die Angehörigen fast aller Völker Europas deutsch lernen außer den Deutschen.

Hausaufgaben — Übungsarbeiten, die außerhalb der regulären Schulstunden durchgeführt werden müssen und mit denen ein Unterrichtsstoff vertieft werden soll, dessen Oberfläche bereits unergründlich scheint.

Hausaufgaben, Hilfe bei — Erbitterter Wettstreit der Eltern untereinander, wer noch am besten Latein kann.

Hausmeister — Bescheidener Mann im grauen Kittel, der im Dienst der Schulverwaltung steht und nach eigener Einschätzung nur knapp vor dem Direktor kommt.

Herrschaftswissen

Hefte Überwiegend mit roter Tinte beschriebene Blätter, in denen es auch hier und da ein paar blaue Stellen gibt.

Herrschaftswissen Kenntnisse, die einem ein anderer voraushat, weil er der „herrschenden Klasse“ angehört. Beispiel: der Lehrer. Als herrschende, nämlich dem Schüler übergeordnete Instanz verfügt er über Wissen, das dem Schüler, als dem Unterdrückten, nur schwer zugänglich ist. Der Schüler muß sich also das von ihm verlangte Schulwissen mühsam erarbeiten, während der Lehrer – als Herrschender – jederzeit das Lösungsheft parat hat.

Hintermann Opfer, das man dem Lehrer im Augenblick höchster Not in den Rachen werfen kann, indem man so tut, als suche man etwas ganz Wichtiges unter der Bank, so daß der mit der begleitenden Bemerkung „Du da!“ ausgestreckte Zeigefinger des Lehrers auf den hinter einem Sitzenden weist, der dann – vielleicht! – völlig überrascht und spontan die verlangte Antwort liefert, so daß man fürs erste gerettet ist.

hitzefrei Wird leider nur gegeben, wenn die Außentemperaturen einen bestimmten Wert überschreiten, und niemals, wenn einem beim Gedanken an das Zeugnis der Schweiß ausbricht.

Humanist Absolvent eines sog. humanistischen Gymnasiums und mithin Kenner alter Sprachen wie Latein und Griechisch. So ist der Humanist jederzeit in der Lage, den Namen „Philipp“ richtig zu schreiben und das Wort „Manuskript“ korrekt zu trennen.

I

in Alles, was man tun, denken, sagen und anziehen muß, um eine rebellische Persönlichkeit zu sein, die ausschließlich ihrem eigenen Kopf folgt und Vorschriften für sich nicht gelten läßt.

Intelligenz

Individualist Einer, der mit dem Klassendurchschnitt nichts zu tun haben will, sondern klar erkennbar darunterliegt.

Intelligenz Bedeutet:

a) Gleichungen mit mehreren Unbekannten lösen zu können und somit problemlos durch alle Prüfungen zu kommen.
b) Gleichungen mit mehreren Unbekannten nicht lösen zu können und dennoch absolut problemlos durch alle Prüfungen zu kommen.

Internat Beliebter Schauplatz von Filmen und Romanen, da angeblich die perfekte Szenerie für romantische und verwegene Abenteuer – wo der bebrillte und charakterlich unzulängliche Primus nachts zu Tode erschreckt wird, innige Erotik stattfindet, ganze Kerle in letzter Sekunde irgendwen retten und es das Schlußlicht der Klasse zu guter Letzt doch noch schafft. Durch dieses immer wieder gezeichnete Bild des Internats bleibt der Öffentlichkeit die ganze herbe Wahrheit vorenthalten, nämlich, daß grundsätzlich die Toilette besetzt ist, wenn man es eilig hat.

J

Jugend Bestimmter zeitlicher Abschnitt im Leben des Menschen, der um so attraktiver erscheint, je weiter er zurückliegt, und der bedauerlicherweise am unattraktivsten ist, wenn er gerade stattfindet.

Jugendliche Bevölkerungsgruppe, die mit den Frauen die Tatsache gemein hat, bei weitem nicht so grauenvoll zu sein, wie sie im deutschen Film und Fernsehspiel dargestellt wird.

Jus, Jura Mit Abstand beliebtestes Studienfach. Vor allem für Leute, die noch nicht wissen, was sie später mal werden wollen. Denn als

Klasse

Jurist ist man für alle Positionen in Wirtschaft, Verwaltung und Regierung geeignet - außer dort, wo es um so einfache Dinge wie Recht und Unrecht geht.

K

Karzer

Leider total aus der Mode gekommenes Schulgefängnis, das nach den Schilderungen einstiger Insassen dem Betroffenen das Image eines ungebärdigen, revolutionären Geistes verliehen und ihm die aufopferungsvolle Zuneigung der hübschen, blonden Tochter des Pedells eingebracht hat.

Kassettenrecorder

Auch Kassetten-Radio mit Stereo-Effekt. Tragbares Gerät, das man auch mitnehmen kann. Es ist meist von erheblichem Gewicht und wird wie ein T-Träger ans Ohr gestemmt. So bietet es die Möglichkeit, dem Rest der Welt akustisch zu vermitteln, welche Rockband man gerade für die bedeutendste hält.

Katheder

Nicht zu verwechseln mit Katheter, womit man ein unangenehmes Instrument in der Urologie bezeichnet. Bei beiden indes handelt es sich um Vorrichtungen, die einem helfen, etwas abzulassen.

Kinderladen

Weltanschaulich eingefärbte Abart von Kindergärten, in denen die Kinder spielen müssen, was sie wollen.

Kiosk

Meist der Schule unmittelbar vorgelagerte Trinkhalle, die man nach Schulschluß zum mündlichen Austausch von Schulproblemen benutzt und wo der Mensch für später lernt, daß man Sorgen am besten an einer Bar los wird.

Klasse

Seilschaft, bei der von Anfang an feststeht, daß einige den Gipfel nicht erreichen werden.

Klasse, herrschende

Gesellschaftsschicht, die angeblich das Sagen hat und widerrechtlich angeeignete Privilegien genießt. Wird so lange erbittert bekämpft, bis man selbst dazugehört und nunmehr die Vorteile als

	„gerechtes Äquivalent für das Erbringen von mehr Einsatz und Leistung“ bezeichnet.
Klassenarbeit	Wird regelmäßig mit den ermutigenden Worten eröffnet: „Ihr braucht keine Angst zu haben, alles wurde schon mal durchgenommen.“ Worauf allerdings der einschränkende Hinweis folgt: „Wer immer gut aufgepaßt hat, wird keinerlei Schwierigkeiten haben“, so daß alles wieder offen ist.
Klassenausflug	Oder: Die Angst des Lehrers, einer der Schüler könnte verlorengehen, sowie das Bemühen jedes einzelnen, dieser Schüler zu sein.
Klassenbewußtsein	Nachdrückliches Bekenntnis zu der Klasse, der man angehört, das darin gipfelt, daß man sie sogar wiederholt.
Klassenbuch	Die Sorte Literatur, die einem das Lesen auf Lebenszeit vergällen kann.
Klassendurchschnitt	Zahlenangabe unter einer Arbeit, die man in der ersten Euphorie schon für die Note hält.
Klassenlehrer	Eine Art von väterlichem Freund, der stets ein Ohr für alle Probleme hat, einschließlich derer, die er selbst verursacht.
Klassensprecher	Von Verantwortung geprägtes Ehrenamt, das aber der garantiert sichere Weg ist, von der heimlich verehrten Mitschülerin wenigstens zur Kenntnis genommen zu werden.
Klassentreffen	Zusammenkunft älterer, dicklicher Herren mit schütterem Haar, die mit großer Erleichterung zur Kenntnis nehmen, daß der ehemalige Klassenprimus es nur bis zum Buchhalter in einer Brennstoffirma gebracht hat.
Klassenziel	Per Lehrplan vorgegebenes Quantum an Unterrichtsstoff, das am Ende eines Schuljahres in den Kopf des Schülers transportiert sein soll und von diesem beherrscht werden muß. Doch oft erreicht noch nicht einmal die Schule dieses Klassenziel, da ein Teil der Stunden, die zur Beförderung dieses Wissens vorgesehen sind, ausfallen muß. Weil a) der Lehrer dringend auf einem mehrwöchi-

Klassentreffen

Klo

	gen Seminar gebraucht wird oder b) die Lehrerin ein Kind bekommt und weder der eine noch der andere Fall im Bildungs-Budget vorgesehen ist.
Klassenzimmer	Nach übereinstimmender Auskunft aller Lehrkräfte der grundsätzlich lauteste Ort in der ganzen Schule, „und ich habe außer euch noch eine ganze Menge anderer Klassen und weiß, was ich sage“.
Klassiker	In Leder gebundene Bücher, die sich reihenweise im Bücherregal befinden und auf die man alles drauflegen kann, von dem man möchte, daß es der Sohn nicht findet.
Kleinschreibung, gemäßigte	Bestrebungen, ungeachtet des Zusatzes „gemäßigte“ sämtliche Großbuchstaben abzuschaffen. Macht neugierig darauf, was wohl unter „totaler Kleinschreibung“ zu verstehen ist.
Klingel	Die akustische Trennungslinie zwischen den Schwierigkeiten in Mathematik und den Problemen in Latein.
Klo	Keimzelle der Graffiti-Kultur.
Komplott	Wenn einem gleich zwei Lehrer eine Fünf geben.
konjugieren	Dem Wort „kujonieren“ nah verwandt, vor allem inhaltlich.
kooperativ	Bereitschaft zur Zusammenarbeit. Gilt als das Gegenteil von Egoismus und Abkapselung und ist die Basis allen menschlichen Zusammenlebens. Ist dennoch bei tiefgreifenden Grenzsituationen, wie Klassenarbeiten, verboten und wird mit Strafe belegt.
Kopf	Der während der Schulzeit am meisten beanspruchte Körperteil. Hat die klare Aufgabe, sich zu füllen, ist aber dazu um so weniger bereit, je leerer er ist. Ganz im Gegensatz zum Bauch.
Kopfrechnen	Der Versuch, zwei zweistellige Zahlen ohne Zuhilfenahme von Papier und Bleistift auf Anruf hin miteinander zu multiplizieren, während der größte Teil des Gehirns mit folgendem Gedankengang beschäftigt ist: „Lieber Gott, mache, daß ich das jetzt sofort

richtig sage, sonst brüllen alle wieder hemmungslos, der Lehrer wird höhnisch grinsen und etwas in seinen Taschenkalender eintragen. Die Note wird um ein paar weitere Prozent abrutschen, dazu noch das miese Diktat letzte Woche! Mann, das wird wieder eine Menge Ärger daheim geben. Aber vielleicht kann ich das im nächsten Aufsatz wieder hinkriegen, vorausgesetzt natürlich, das Thema ist nicht wieder so gemein wie letztes Mal . . ." Also: Versuchen Sie, an all das zu denken und dabei 43 mal 37 auszurechnen – aber bitte: „ohne lang zu überlegen"!

---

krank Eigenartiger Zustand von plötzlichen Stimmungsumschwüngen. Empfindet man vormittags, während sich alle anderen in der Schule befinden, als euphorisch, während er einen ab ein Uhr mittags plötzlich zu langweilen beginnt.

Krankheit Durch tückischen Bazillus ausgelöstes körperliches Unwohlsein, das einen daran hindert, trotz eisernen Willens und rücksichtsloser Entschlossenheit aufzustehen und an der Mathematikarbeit teilzunehmen.

Krankheitstage Die Zeugnis-Rubrik, in der man eine reelle Chance hat, eine Eins zu bekommen.

Kreide Zum Schreiben an der Tafel gedachtes Vierkantstäbchen aus feingekörntem Gips. Bricht ab, ist gerade abgebrochen oder wird gleich abbrechen.

Kugelschreiber Modernes Schreibgerät, dessen Besonderheit es ist, mitten in der entscheidenden Klassenarbeit des Jahres seinen Dienst aufzukündigen.

Kultur Lat. Ackerbau. Bedeutet: Je mehr sich der Mensch um die Landwirtschaft kümmert, um so kultivierter ist er. Die Deutschen, die enorme Steuermittel für Agrar-Subventionen aufbringen, dürfen sich deshalb Kulturnation nennen.

Kultusminister Dufter Nebenjob für nicht ganz ausgelastete Präsidenten von Fußball-Vereinen.

L

Länderhoheit

Ausdruck für die Souveränität der Bundesländer in diversen Bereichen, so auch bei der Schulpolitik. Hat zur Folge, daß ein Schulwechsel über die Landesgrenze hinweg gravierende Auswirkungen auf das Notenbild des betroffenen Schülers hat. Ist also dieses Notenbild günstig, so ist den Eltern dringend anzuraten, ihre persönlichen Wünsche und Bedürfnisse zurückzustellen und Hauptschul-, Realschul- oder Gymnasium-Abschluß abzuwarten, um nicht die Versetzung, die Zukunft und damit auch das Lebensglück des Kindes leichtfertig aufs Spiel zu setzen. Klagen, daß diese Länderhoheit verfassungsfeindlich sei, da sie die garantierte Freizügigkeit bei der Wahl des Wohn- und Arbeitsortes unterminiere, sind im übrigen sinnlos und werden von Karlsruhe zurückgewiesen. Andererseits bietet aber dieser Zustand auch eine Chance. Denn wie in früheren Jahrhunderten, wo man nach Amerika auswandern konnte, wenn die Situation hier unhaltbar wurde, kann man bei katastrophalen Notenwerten über die Grenze wechseln, um im fremden Bundesland sein Glück zu versuchen. Auf jeden Fall aber hat man dann eine gute Ausrede, wenn es mit der Versetzung auch hier nicht klappen sollte. Der Föderalismus hat also auch seine Vorteile.

Landeselternbeirat

Höchstes Elternbeiratsgremium, das mit dem Kultusminister Kaffee trinken darf. Ist in seiner Bedeutung mit der UNO vergleichbar und genauso effektiv.

Latein

Sogenannte „tote" Sprache, die dadurch künstlich am Leben erhalten wird, daß man regelmäßig darüber diskutiert, ob es Zäsar oder Käsar, Zizero oder Kikero, Zirkus oder Kirkus heißt. So kann man nie sicher sein, ob man nun die Vier in Sozialkunde oder in Sokialkunde bekommen wird.

Die
vero autem

Lebenserfahrung

Lebensangst	Von den Eltern mutwillig erzeugtes Gefühl des Schreckens, indem diese immer wieder versichern, daß später mal Zeiten kommen werden, wo man sich nach der Schule zurücksehne.
Lebenserfahrung	Vergleichbar mit einer Monatskarte: nicht übertragbar.
Legasthenie	Schreib- und Leseschwäche. Wird dergestalt therapiert, daß man den Patienten stundenlang auf einer Schreibmaschine Wörter aus einzelnen Buchstaben zusammensetzen läßt und ihm damit das Schreiben auf genau die Art und Weise beibringt, wie dies früher in der Schule üblich war.
Lehrer	Jemand, der bei der Wahl seines Berufes seiner grundsätzlichen Abneigung gegen die Schule die Möglichkeit häufiger und langer Ferien gegenübergestellt hat und zu dem Schluß gekommen ist, daß man Abneigungen mit der Zeit überwinden kann.
Lehrerin	Berufswunsch für Mädchen aus kinderreichen Familien, die sich für die jahrelange Unterdrückung und Bevormundung durch ältere Geschwister rächen wollen. Für Schüler ist die Lehrerin die neben der Mutter wichtigste Persönlichkeit zur Prägung des Frauenbildes. So sind die Analytiker-Praxen voll von Männern, die nicht nur in der Liebe versagen, da sie ihre Frau mit ihrer Mutter identifizieren, sondern die auch noch ständig befürchten, deshalb einen Blauen Brief zu bekommen.
Lehrerkonferenz	Die offiziell abgesegnete Möglichkeit, schlecht über Abwesende sprechen zu dürfen.
Lehrerwechsel	Bedeutet, daß zum Ende des Schuljahres der einzige sympathische Lehrer weggeht und durch ein Ekel ersetzt wird, das man dann bis zum Ende der Schulzeit behält.
Lehrerzimmer	Ursprung des volkstümlichen Satzes: „Da muß doch irgendwo'n Nest sein."
Lehrkörper	Nicht die hübsche Referendarin, die einen besonders instruktiven Aufklärungsunterricht erteilt, sondern die Summe aller Lehr-

Leistung

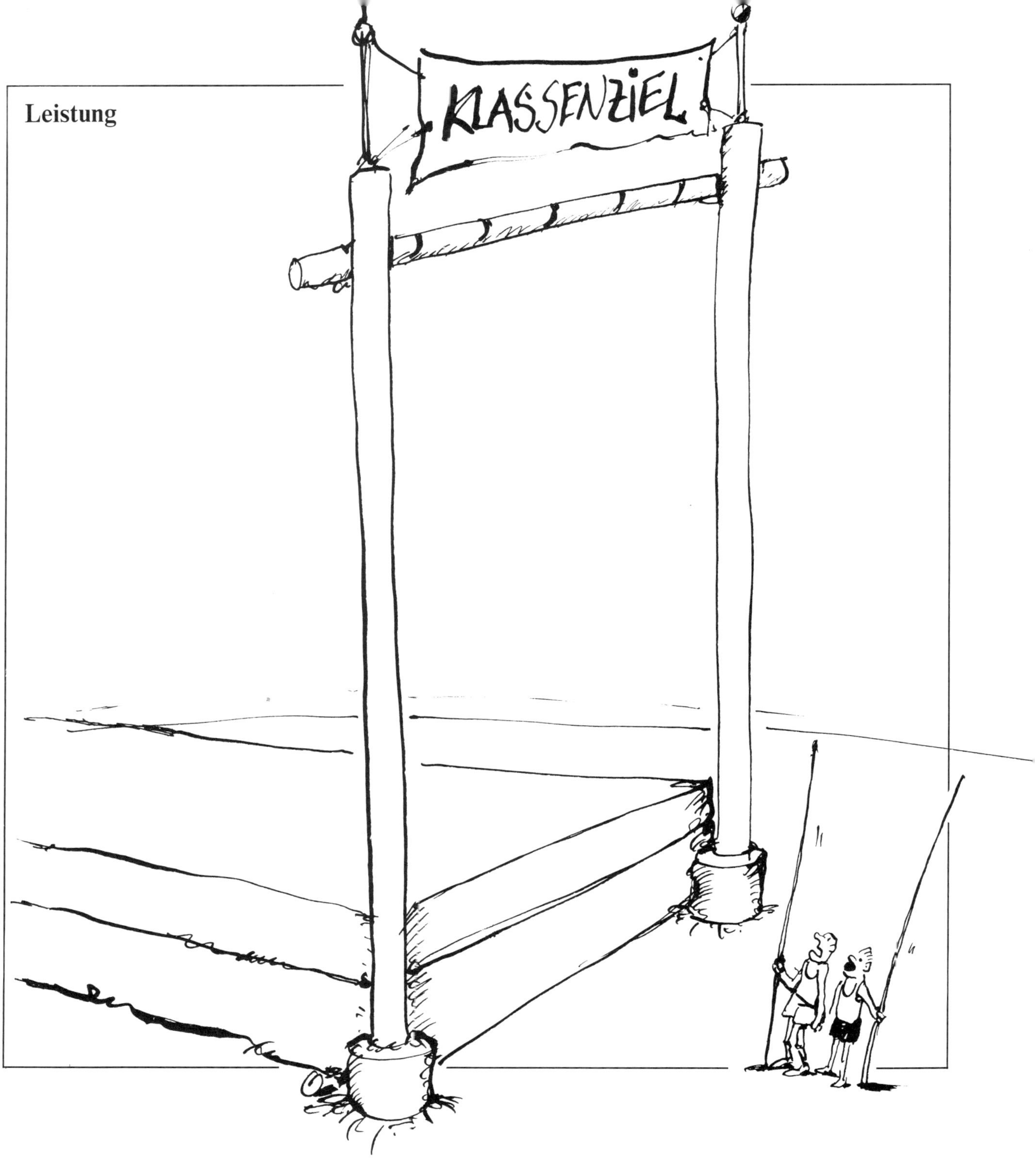

kräfte an einer Schule und folglich ein Körper, der sich jeder Vorstellungskraft entzieht.

Lehrstelle Etwas, um das man sich mit allem verfügbaren Engagement und der allerfeinsten Handschrift bewirbt und bei dem man trotzdem nicht recht weiß, warum man zittern soll – daß man sie kriegt oder daß man sie nicht kriegt.

Leistung Aus quantitativen und qualitativen Komponenten irgendwie zusammengemixter Phantom-Begriff, der als Maßstab zur Beurteilung des Menschen verwendet wird, ohne daß man genau weiß, was darunter zu verstehen ist. Ein Schüler beispielsweise, der sich komplette Nachmittage um die Ohren schlägt, um über der Lösung von Gleichungen zu brüten, „leistet viel", wie man ihm anerkennend bestätigt. Wenn er aber dabei regelmäßig auf die falsche Lösung kommt, sind „seine Leistungen nicht ausreichend". Aber nicht nur seine Noten werden nach diesem Leistungsbegriff vergeben, sondern später auch mal sein Gehalt. Hier allerdings werden dann als weitere Kriterien noch so vage Wertigkeiten dazuaddiert wie: Nutzen des Geleisteten für die Allgemeinheit, Nachfrage sowie Konkurrenzsituation. Zählt man all diese Forderungen zusammen und stellt sie dem Einkommen gegenüber, so manifestiert sich höchste Leistung sowie größtmöglicher Nutzen für die Allgemeinheit in Liedern aus dem Oberkrain, aus spitzem Winkel erzielten Fußballtoren sowie im Einbau von Zahnersatz.

---

lernen Aussichtsloser Versuch, durch zehnminütiges geistesabwesendes Anstarren einer Seite mit Vokabeln sich diese nachhaltig einzuprägen.

Lernmittelfreiheit Euphorische Bezeichnung für die schlichte Tatsache, daß man Bücher, in denen man ohnehin nicht oder nur ungern liest, nicht auch noch bezahlen muß.

Lob Anerkennende Worte des Lehrers für eine gelungene Arbeit. Enthält die bedrückende Verpflichtung, in Zukunft ähnlich gute Ergebnisse bieten zu müssen.

M

Mathematik	Wissenschaft, bei der man den Eindruck hat, daß man sie eigentlich nur erlernt, um später mal die Denksportaufgaben auf der Rätselseite der Fernseh-Zeitschrift lösen zu können.
McDonald's	Weltumspannendes Fast-Food-Unternehmen und Hauptnahrungsquelle des Menschen während der Schulzeit. Arbeitet mit beneidenswerten Gewinnspannen und verdient angeblich jedesmal, wenn man einen Hamburger verzehrt, 40 000 Dollar, obwohl ein Hamburger nur 1,80 Mark kostet!
Medizin	Studium, zu dem aufgrund des ‚Numerus clausus' nur Personen mit einer Durchschnitts-Abiturnote zugelassen werden, die nicht schlechter sein darf als 1,5, was zu der Ansicht verführt, daß nur besonders intelligente Menschen Blut sehen können.
Mengenlehre	Inzwischen wieder abgeschaffte Methode, den Mathematikunterricht mit bunten Klötzchen aufzulockern und die Einübung der Grundrechnungsarten an die Eltern zu delegieren.
Mimik	Gesichtsausdruck. Wichtiges taktisches Hilfsmittel bei der pauschal in den Raum gestellten Frage: „Wer will den nächsten Satz übernehmen?" Dabei muß der Gesichtsausdruck von konzentrierter Nachdenklichkeit sein, und ein sanftes Aufleuchten muß erkennen lassen, daß man sich ganz in der Nähe einer Lösung befindet. Auf diese Weise signalisiert man dem Lehrer, daß es keinen Spaß macht, wenn er einen aufruft, sondern daß er besser daran tut, sich an den Nebenmann zu wenden, der seine Mimik nicht so fest im Griff hat, sondern seinen wahren Zustand des totalen Nichtwissens und die blanke Angst vorm Drankommen ungehemmt über seine Gesichtszüge ausdrückt.
Minus	Schönheitsfehler einer Eins.

Mimik

Mittlere Reife Mit Abstand die attraktivste Bezeichnung für die Tatsache, daß man mittendrin das Handtuch geworfen hat.

Mofa Cabrio auf zwei Rädern.

Mühe Auch Anstrengung, Einsatz, Engagement, Härte gegen sich selbst usw. Zeigt, daß man begriffen hat, „wo's lang geht", und bereit ist, persönliche Opfer zu bringen, die vor allem in einem weitgehenden Verzicht auf den angenehmen Teil des Lebens (Freizeit) bestehen, und für ein hohes Ziel (Klassenziel) hinzugeben. Gilt als unumgängliche Voraussetzung zum Erfolg („Ohne Fleiß kein Preis"). Dem entgegen steht aber die alte Volksweisheit: „Mühe allein genügt nicht, es kommt auch darauf an, Glück zu haben und nur das gefragt zu werden, was man zufälligerweise behalten hat."

Musik Unterrichtsfach, in dem bewiesen wird, daß das, was man in der Disco hört, früher mal prinzipiell zur Kunst gerechnet wurde.

Mutter Rührendes, älteres Familienmitglied, das auf der eigenartigen Ansicht besteht, die Schule würde einem leichter fallen, wenn man morgens ein Glas Milch trinkt.

N

Nachhilfe Äußerstes Mittel, um Lernschwierigkeiten zu beheben. Ist grundsätzlich von ehrverletzender Wirkung, da es jedem Sieg den Glanz nimmt („Hat es nur mit Nachhilfe gerade so geschafft") und jede Niederlage noch schmerzlicher macht („Hat es noch nicht einmal mit Nachhilfe geschafft").

nachsitzen Gezielt verhängte Strafe, die klar beweist, daß man den Aufenthalt in der Schule für das Unangenehmste hält, das sich denken läßt. Trifft grundsätzlich den Unschuldigen.

Musik

Noten

Das in Zahlen ausgedrückte Ergebnis von Fleiß, Aufmerksamkeit, permanenter Selbstüberwindung und angewandter Genialität. Beeinflussen Versetzung, Abitur und mithin das ganze spätere Leben. Durch die Berücksichtigung auch feinster Kommastellen bei der Notengebung steht die Durchschnittsnote, die zum Weiterleben berechtigt, oftmals auf der Kippe. So kann eine einzige vergessene lateinische Vokabel, kombiniert mit einem Islandtief zum Zeitpunkt der Heftkorrektur, das dem Korrigierenden einen Zug ins Zerstörerische gibt, besonders wenn er den Besitzer des Heftes nicht leiden mag, weil der gerade erst gestern . . . . kurz: Es kann an einer Stelle hinterm Komma liegen, die das Gesamtergebnis ins Negative kippen läßt, so daß der Betreffende, statt als Naturwissenschaftler Karriere zu machen und der Stolz seiner alten Eltern zu sein, dem Alkohol verfällt, ein haltloses Vagantenleben führt und zum Schluß unter Anleitung eines hübschen weiblichen Heilsarmee-Leutnants sein Leben beschreibt und mit dieser Beschreibung umgehend auf den Bestsellerlisten landet, Millionen scheffelt und sich ein lustiges Leben in Monaco leisten kann. So entscheidend – dieses willkürlich herausgegriffene Beispiel zeigt es – können Noten sein.

Notendurchschnitt

Die Quersumme aller vergebenen Noten einschließlich sämtlicher Stellen hinterm Komma, die man durch die Anzahl von Arbeiten, Fächern usw. teilen muß, um herauszufinden, ob man bei der nächsten Versetzung eventuell Chancen hat. Zur Zeit der Mengenlehre eine der wenigen Möglichkeiten der Schüler, rechnen zu lernen.

Notenkonferenz

Besprechung, deren Inhalt sich mit der Variante eines bekannten Mainzer Karnevalsspruches umreißen läßt: „Wolle mern drin lasse?!“

Numerus clausus

Basis schärfster Begabten-Auslese, wonach nur Personen mit einem Abitur-Durchschnitt von 1,5 bis besser die Möglichkeit erhalten, später mal ein Antischnupfenmittel aufs Rezept kritzeln zu

ZEUGNIS
DEUTSCH
ENGLISCH
MATHEMATIK
PHYSIK
CHEMIE
SPORT

dürfen und dieses mit den Worten: „Jetzt bleiben Sie mal 'n paar Tage zu Hause und rauchen Sie auch nicht soviel in der Zeit" überreichen zu können.

O

Oberlehrer Bedeutendere Form von Lehrer, etwa in der Art, in der Oberpfaffenhofen die bedeutendere Form von Pfaffenhofen ist.

Oberprima Letzte Klasse an Gymnasien. Hat ihren Namen von der erfreulichen Tatsache, daß danach die Schule vorbei ist.

Oberstufe

1. Anruf an einen Kellner mit vollem Tablett, auf den Weg zu achten („Ober, Stufe!").
2. Dritter und letzter Teil am Gymnasium. Also die Phase, wo man sich entscheiden muß, ob man auf den Numerus clausus achten sollte oder Volkswirtschaft in Graz studieren möchte.

---

out Alles, was gestern noch unverzichtbar war, um als eigenständige Persönlichkeit von schärfster Charakterprofilierung zu gelten, von einem unergründlichen Zeitgeist aber heute nicht mehr erlaubt ist und nur noch verlacht wird.

P

Parallelklasse Nimmt nach Auskunft der Lehrer am Unterricht weitaus … teil und ist demzufolge im Unterrichtsstoff schon wesen… ter. Ein Umstand, der sich allerdings schlagartig änder… selbst in die Parallelklasse versetzt wird, denn nun… diese Vorzüge natürlich auf die Parallelklasse z…

Pauker

petzen

Parkplatz	Reservierte Stelle auf dem Schulhof zum Deponieren eines Kraftfahrzeugs. Wird einem in zunehmendem Maße von Lehrern weggenommen (s. Klasse, herrschende).
Pauker	Musikalisch unzutreffende Bezeichnung für jemanden, der einem hauptsächlich aufs Trommelfell geht.
Pause	Letzte Möglichkeit, für die anschließende Stunde zu lernen. Und erste Möglichkeit, zu erfahren, was man in der gerade geschriebenen Arbeit falsch gemacht hat und daß das „komische Gefühl, das man bei dem Resultat hatte“, vollauf berechtigt war.
Pausenbrot	Wird ab einem gewissen Alter meist in Marlboro-Form eingenommen.
Pedell	Peter, deutscher Schlagersänger.
Penne	Ausdruck für Oberschule. Kommt nicht, wie häufig angenommen, von pennen = schlafen, sondern vom lat. penna = die Feder. Und dies wiederum liegt daran, daß die Römer noch keinen Kugelschreiber kannten.
petzen	Auch verpetzen. Jemanden aus niedrigen Beweggründen (Haß, Rache, Schadenfreude, Anbiederung) verraten bzw. anzeigen. Beispielsweise indem man sagt: „Marc-André hat Manuela-Stefanie eine Spinne ins Genick gesetzt!“ In der Hochsprache hieß petzen früher denunzieren, bevor es bei der Schreibschickeria Mode wurde, dieses Wort in einem ganz anderen Sinne zu verwenden („Richtiges Kommasetzen wird als Herrschaftswissen denunziert.“).
Pfarrer	Verkündet, daß die Armen im Geiste selig werden, gibt ihnen aber schlechte Noten dafür.
Philosophie	Teil des Deutschunterrichts in den höheren Gymnasiumklassen. Hat die großen Probleme der Menschheit zum Inhalt, die darin gipfeln, daß wir nicht wissen, wer wir sind, woher wir kommen und wohin wir gehen. Was aber nichts daran ändert, daß wir jedenfalls

ganz genau wissen, darüber nächste Woche eine Arbeit schreiben zu müssen.

Physik

Unterrichtsfach. Hat zum Inhalt z.B. die Frage, warum eine Streichholzschachtel zu Boden fällt, wenn der Physiklehrer die Hand aufmacht.

Plus

Trostpflaster auf einer Fünf.

Prima

a) weiblicher Klassenbester.
b) spontaner Ausruf bei der Nachricht, daß der Mathematiklehrer die Grippe hat und einige Wochen ausfällt.

Primus

Auch Klassenbester. Einer der das Glück hatte, zu Beginn seiner Karriere nur das gefragt zu werden, was er zufällig wußte, und nun das Image des Unantastbaren genießt und deshalb weitgehend in Ruhe gelassen wird. Die Strategie der meisten Primusse ist es, zu erreichen,
a) daß man bei schwierigen Fragen nicht mehr so oft drankommt, weil der Lehrer die richtige Antwort voraussetzt,
b) daß bei einer falschen Antwort – falls sie einem doch mal passieren sollte – die Schwierigkeit der Frage haftbar gemacht wird („Noch nicht mal der Mayer hat das gewußt, und der ist bekanntlich Primus!") und
c) daß eine falsche Antwort nur den Beweis dafür liefert, daß man bei aller Überintelligenz noch Mensch geblieben ist („Na Gottseidank, auch der Mayer ist nicht unfehlbar!"). Kurzum: Der geschickte Primus legt sich gezielt das Image eines VW-Käfers zu, bei dem auch jede Panne als äußerst atypisch bezeichnet wurde.

Privatschule

Pädagogisches Privatunternehmen mit kompliziertem Marketing. Muß einerseits die unausgesprochene Bereitschaft implizieren, bei gefährdeter Versetzung ein Auge zuzudrücken, was mit der Umschreibung „Wir behandeln jeden Einzelfall ganz individuell" angedeutet wird, wobei man glaubt, daß sich durch zusätzliche und großzügig bemessene Spenden dieses Auge noch besonders beein-

Primus

Prügelstrafe

flussen läßt. Andererseits aber gilt es, in der breiteren Öffentlichkeit den Eindruck von besonderer elitärer Strenge zu erwecken, damit die Kunden beim Nachbarn nicht in den Ruf kommen, sie würden für ihren Sohn/ihre Tochter nur deshalb soviel Schulgeld aufwenden, weil diese woanders keine Chance hätten.

Protest

Äußerung heftigster Empörung. Muß politisch motiviert sein. Proteste wegen einer angeblich zu schlechten Latein-Note haben also nur dann Aussicht auf Erfolg, wenn nachweisbar das Pentagon seine Finger im Spiel hat.

Prüfung

1. Im erweiterten Sinn: Schicksalsschlag, an dem der Mensch abchecken kann, wie stabil er ist und welche Nehmerqualitäten er hat. Führt den Menschen oft in seelische Grenzbereiche (auch Ausnahmesituationen), in denen der innerste Kern seines Wesens auf den Teststand kommt. Alles in allem: unangenehme Situation.
2. Im engeren Sinne: das mündliche bzw. schriftliche Abfragen von Wissen, von dem unterstellt wird, daß man es sich in der davorliegenden Zeit irgendwie angeeignet hat. Führt bei negativem Ausgang zur Prüfung im Sinne von 1.

Prügel

Unerwünschte Aufmerksamkeitsbeweise von Mitschülern, die stärker, größer, älter oder einfach rauflustiger sind als man selbst, wobei die größte Schweinerei darin liegt, daß sie einem die einzige Freude auch noch wegnehmen: die am Schulschluß und Heimweg.

Prügelstrafe

Inzwischen erfreulicherweise abgeschafftes Relikt aus der Zeit des pädagogischen Frühkapitalismus, mit dem der Lehrer für „Ruhe und Ordnung" sorgte. Der moderne Lehrer erreicht dieses Ziel heute dadurch, daß er psychologisch vorgeht, überzeugend argumentiert und an die Vernunft der Schüler appelliert, und dies im Schnitt pro Unterrichtsstunde 42 Minuten lang.

Punk

Der bequeme Vorsatz, den einfachen Weg zu gehen und aus seinen Möglichkeiten das Schlimmste zu machen.

R

Ranzen	1. Bürde der Schule in ihrer greifbarsten Form. Enthält zahlreiche Hefte und ca. 20 verschiedene Bücher, aber leider nur selten das, welches gerade gebraucht wird. 2. Eine Last, die man mit 6 Jahren auf dem Rücken und mit 60 vor sich herträgt.
Rauchen	Auch nicht mehr das, seit man sich dabei erwischen lassen kann.
Realschule	Intelligenter Kompromiß. Gibt dem Menschen das Gefühl, mehr wert zu sein als der reine Hauptschüler, ohne aber dieses höhere Ansehen gleich mit dem Abitur bezahlen zu müssen.
Rechtschreibung	Von „recht = richtig“ und „schreiben = schreiben“. Die Methode, Buchstaben so aneinanderzufügen und Satzzeichen so zu verwenden, daß das Ergebnis (Wörter und Sätze) von Flensburg bis Garmisch sofort verstanden wird. Ist neuerdings nicht mehr unumstritten, da die Fähigkeit, einen nahezu fehlerlosen Satz zu schreiben oder den Apostroph im Dudenschen Sinne zu verwenden, mehr und mehr als Herrschaftswissen (s. d.) verstanden wird, und soll evtl. abgeschafft werden. Dies wird dergestalt vor sich gehen, daß man nicht mehr die Fähigkeiten der Schüler zu den Regeln der Rechtschreibung hinführt, sondern umgekehrt eben diese Fähigkeiten zu den Regeln erklärt.
Reifezeugnis	Besagt, daß man nunmehr reif dazu ist, die Schule zu verlassen – ein Eindruck, den man selbst schon seit mehreren Jahren hatte.
Rektor	Nicht zu verwechseln mit Reaktor, gilt aber wie dieser als ständige Gefahrenquelle.
Religion	Früher mal so etwas wie Erholung zwischen Latein und Mathematik, heute bereits „Leistungsfach“, dessen Noten ernstgenommen

Reifezeugnis

Schüler

	werden. Lehrt Mitleid, Erbarmen, Verständnis und Gnade, kennt aber nichts von all dem, wenn man sein Pensum nicht gelernt hat.
Riese, Adam	Erfinder des Rechenbuchs und Namensgeber des allgemein bekannten Begriffs „Geistes-Riese“.
Rock	Ursprünglich Kleidungsstück für Mädchen. Heute: Versuch, eine Weltanschauung in Dezibel auszudrücken.

S

Schallplatte	Runde schwarze Kunststoffplatte, in deren Rillen sog. „Botschaften“ enthalten sind. In einem bestimmten Alter hat angeblich jeder Mensch das Bedürfnis, eine solche Schallplatte selbst zu machen, obwohl es doch mehr als genug davon zu kaufen gibt.
Schlußlicht	Gegensatz zum Primus und mithin Klassenletzter. Sollte es dankbar registrieren, daß er immer noch als „Licht“ gilt.
Schönschreiben	Unterrichtsfach früherer Jahrhunderte, als die Schrift noch vorzugsweise als Mittel der Kommunikation galt.
Schüler	Existenzzustand, der einen in die Lage versetzt, zu einem vergünstigten Tarif die öffentlichen Verkehrsmittel benutzen zu dürfen.
Schüleraufführung	Schillers letzte Bastion gegen Zadek und Co.
Schüleraustausch	Konsequentes Verfahren, das auf der einleuchtenden Erkenntnis beruht, daß man Französisch am besten bei einer Französin lernt.
Schulbank	Leider kein Kreditinstitut, das zinslosen Vorschuß aufs Taschengeld gibt, sondern etwas, das weder Po noch Busen hat und das man dennoch jahrelang drücken muß.
Schulbuch	Unterrichtsmittel, dessen Besonderheit darin liegt, daß es nicht nur Probleme stellt, die man lösen soll, sondern daß es diese

	Probleme auch noch so formuliert, daß man bereits Probleme bei ihrem Verständnis hat (s.a. Schulbuchautor).
Schulbuchautor	Wissenschaftler, der mit seinen Werken allen Kollegen beweisen möchte, daß er eigentlich zu Höherem geboren ist und über die Begabung verfügt, Sätze von solcher Dunkelheit zu formulieren, daß ihnen gar keine andere Möglichkeit bleibt, als bedeutend zu sein.
Schulbus	Fahrbarer Klassenraum, wo Auseinandersetzungen auf dem Kopf der Straßenverkehrsordnung ausgetragen werden.
Schule	Öffentliche Einrichtung, deren Besuch einem jahrelang die Zeit wegnimmt, um etwas Nutzbringendes zu lernen.
Schulgebäude	Die materialisierte Form der Schul-Idee, und genauso sieht es auch aus.
Schulhof	Eine Art Dschungel mit vergleichbaren Gesetzen, aber leider ohne die Bäume, auf und hinter denen man sich verstecken kann.
Schulorchester	Anspruchsvoller Name für Falschspielerbande.
Schulpflicht	Oder: Der Mensch muß zu seinem Unglück gezwungen werden!
Schulreform	Methode, eine im Grunde einfache Sache so durcheinanderzubringen, daß sie dringend reformiert werden muß.
Schulreformatoren	Engagiertes Gremium aus Politikern und Pädagogen, das sich rührend darum bemüht, die Fehler von gestern durch die Irrtümer von heute zu ersetzen.
Schulsystem	Lückenlose Verzahnung von Schularten und Ausbildungswegen – vom Vorschul-Kindergarten bis zum Abendabitur und Begabten-Spezialstudium –, das im Grunde nur den einen Zweck hat, die Schulversager vom Selbstmord abzuhalten. Erinnert an den Waschmittelmarkt, wo es Vorwasch-, Nachspül- und weitere Spezial-Mittel gibt, und das, obwohl das reguläre Vollwaschmittel angeblich so toll ist.

Schule

Schultüte	Soll dem Neuling den Einstieg in eine Institution versüßen, wo ihn angeblich nur Spaß und eine Menge Freunde erwarten.
Schulweg	Tägliche Wegstrecke, die in der Lage ist, zwei extrem unterschiedliche Empfindungswelten zu erzeugen – je nachdem, ob man sie in der einen oder in der anderen Richtung passiert.
Schulzeit	Schönste Zeit des Lebens, wenn sie vorüber ist.
schwänzen	Unerlaubter Genuß eines Zustandes, der das oberste Gut aller westlichen Demokratien ist und es verdient, daß man ihn notfalls mit der Waffe verteidigt: die Freiheit.
Schwamm	Gegenstand von unappetitlicher Konsistenz, mit dem man es schafft, eine schwarze Wandtafel hellgrau anzustreichen, indem man ihn lediglich ins Wasser taucht.
Sechs	Schlechtester Notenwert, der z.Zt. lieferbar ist. Vermittelt aber wenigstens die beruhigende Gewißheit, daß die nächste Arbeit nicht noch schlimmer ausfallen kann.
Sekretariat	Der Ort in der Schule, wo man das Warten in Vorzimmern lernt.
Sekunda	Anerkannt schwieriger Teil der Oberstufe. Benannt nach dem hier häufig geäußerten Satz: „Sekunde, ich komm' gleich drauf!“
Sexta	Unterste Klasse an Gymnasien. Heißt neuerdings gegen alle Vernunft „fünfte Klasse“.
Sexualkunde	Ausführliche Darstellung der menschlichen Fortpflanzung, die einen aber völlig im unklaren läßt, wie es die Blumen mit den Bienen machen.
Sitzenbleiber	Fällt unter die Rubrik Wiederholungstäter.
Spannung	Zustand innerer Erregung, ob der Lehrer tatsächlich so stur ist, den dummen Leichtsinnsfehler am Ende der Mathematikarbeit auf die Note anzurechnen.

Sexualkunde

spicken Harmloser Vorgang, bei dem man dem Banknachbarn mal aufs Heft schaut, um sich davon zu überzeugen, daß er keinen Fehler macht, und ihm eventuell beispringen zu können. Wird bestraft.

Sport Eine der wenigen Gelegenheiten, besser zu sein als der Primus.

Sprachen Bestimmter Unterrichtsbereich, für den man angeblicherweise ganz automatisch begabt ist, wenn man es in der Mathematik nicht weit bringt.

Strafarbeit Vom Lehrer verhängter Racheakt, der klar erkennen läßt, daß man die Arbeit für die wirkungsvollste Form von Strafe hält.

Streber Einer, der weiß, daß Paris irgendwo in Frankreich liegt, obwohl das in der nächsten Arbeit unter Garantie nicht drankommt.

Streiche Sammelbegriff für verschiedene Tätigkeiten wie: Werfen mit Papierkügelchen, Deponieren von Reißzwecken auf dem Stuhl des Lehrers, Befestigen eines Zettels mit lustiger Aufschrift am Rücken des Unterrichtenden usw. War angeblich früher die Hauptbeschäftigung des Schülers und wurde von kauzig-netten Lehrkräften, die alle aussahen wie Paul Henckels, mit nachsichtigem Humor quittiert. Bringt heute höchstens einen Eintrag ins Klassenbuch und wird kaum noch belacht.

T

Tafel In frisch gereinigtem und noch feuchtem Zustand schwarze oder auch dunkelgrüne Schreibwand, die bei fortschreitender Trocknung eine milchige, grauweiße Färbung mit Putzstreifen annimmt und von der irgendwann einmal jemand geglaubt hat, sie sei der ideale Untergrund für eine Schrift mit weißer Kreide.

spicken

Streiche

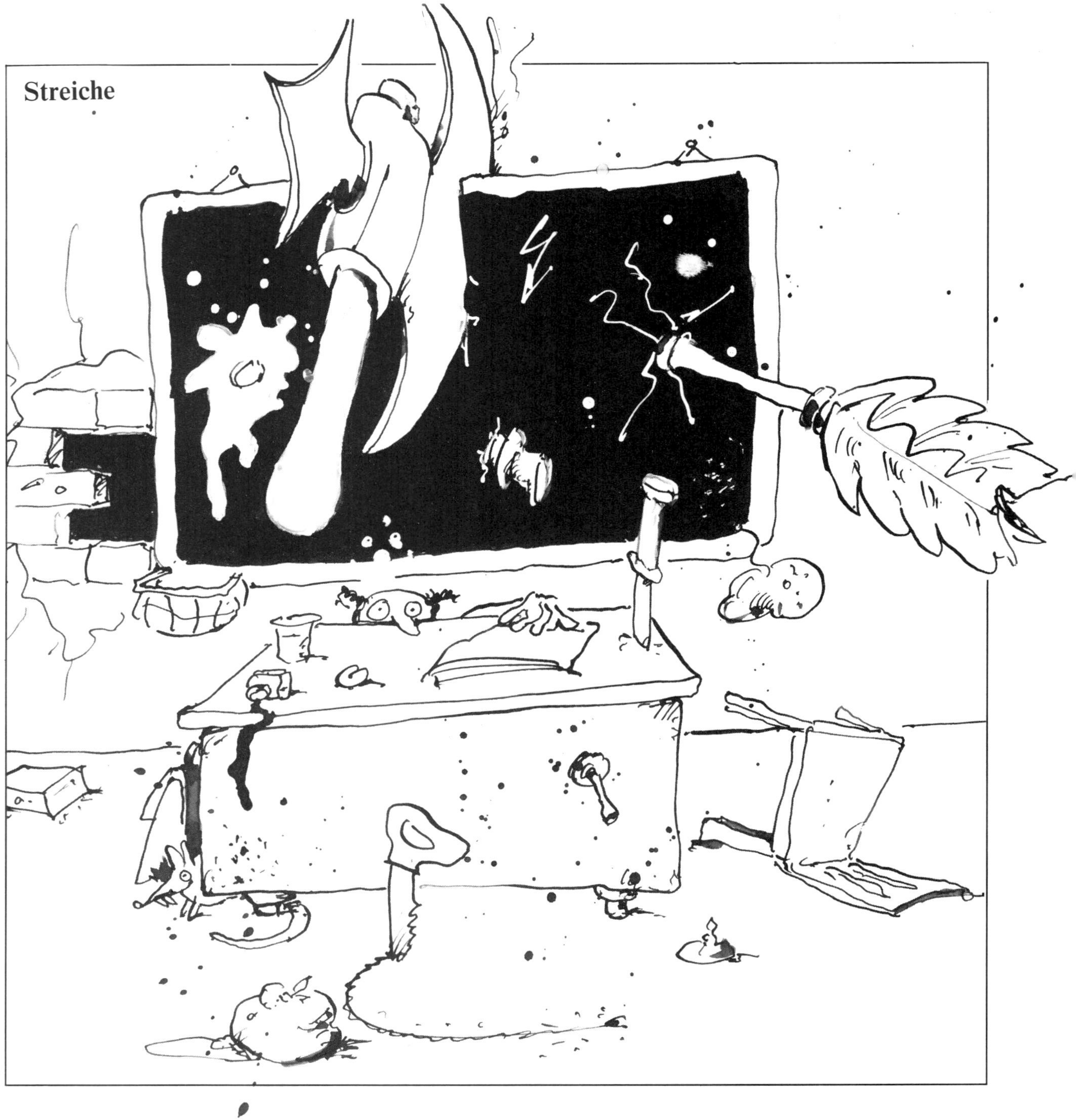

Taschenrechner	Geniale menschliche Erfindung, die immer wieder beweist, wie einfach Rechnen sein kann, wenn man es nicht selbst tun muß.
Toleranz	Freundliches Verständnis allen gegenüber, die der gleichen Meinung sind wie man selbst.
Topologie	In seiner Bedeutung nur schwer durchschaubarer Zweig der Mathematik, dessen hervorragendste Leistung in der Erkenntnis liegt, wie man drei Orte durch drei verschiedene Linien mit drei Punkten so verbinden kann, daß sich diese Linien nicht berühren, nicht schneiden und nicht kreuzen. Wobei dies allerdings nur dann möglich ist, wenn die Erde nicht die Gestalt einer Kugel, sondern die eines Autoreifens hat.
Turnen	Abart von Sport. Findet in der Halle und deshalb vor allem bei Regen statt. Repräsentiert eine mehr abstrakte Art körperlicher Auseinandersetzung, da man als einzigen Gegner die Sprossenwand hat.

U

Übelkeit	Bestimmte Form körperlichen Unwohlseins, das einem meistens unmittelbar vor einer Mathematik-Arbeit heimsucht, einem aber gerade dann nicht abgenommen wird.
übersetzen	Der meist vergebliche Versuch, blitzartig und instinktiv zu erraten, was der Verfasser gemeint haben könnte.
Unbekannte	Mit dem Buchstaben x dargestellte Größe in einer Gleichung, die man wesentlich engagierter suchen würde, wenn sie blond und hübsch wäre und mit einem nach dem Auffinden ins Kino gehen würde.

Universität	Hochschule, deren Schüler Studenten genannt werden und ein Abiturzeugnis mit einer bestimmten Durchschnittsnote vorweisen können. Nur wer die durch diese Note ausgewiesene, hohe Intelligenz besitzt, wird als Student angenommen. Die Dümmeren müssen arbeiten.
Unterrichtsstunde	Zeiteinheit. Dauert im Gegensatz zur normalen Stunde nur 45 Minuten, kommt einem aber doppelt so lang vor.

V

Vater	Souveränes Familienoberhaupt mit glänzender schulischer Vergangenheit. Behauptet, niemals eine Sechs geschrieben zu haben, verschweigt aber, daß zu seiner Zeit die Notenskala nur bis Fünf ging.
Verhalten	Auch: Betragen. Ein Bereich, wo man eine Eins nur zu oft mit einer schlechten Note in Mitarbeit bezahlen muß.
Versager	Romantische Bezeichnung für einen, der im Grunde alles weiß, nur nicht das, was er gefragt wird. Bringt die Verpflichtung mit sich, eine erfolgreiche Laufbahn als Künstler einzuschlagen.
Versetzung	Wichtigste Barriere auf dem Schul-Weg und grundsätzlich gefährdet. Daher der bekannte Ausspruch: „Nicht für die Schule, für die Versetzung lernen wir."
Verweis	Ernsthafter Tadel, der zu einer schlechten Betragensnote führt, aber so gut wie niemals zur Kündigung.
Vier	Notenwert, dessen Bedeutung „ausreichend" wesentlich freundlicher und hoffnungsvoller klingt, als es die reine Zahl vermuten läßt.

Versetzung

Vorbilder

Persönlichkeiten von untadeligem Lebenswandel, nie erlahmendem Fleiß und überragenden Geistesgaben, die man sich ruhig zum „leuchtenden Beispiel" (so der umgangssprachliche Ausdruck) nehmen sollte. Vorbilder sind u.a.: der Vater (hat es in 20 Jahren immerhin zum Abteilungsleiter gebracht und ist außerdem noch Ortsvorsitzender der FDP), die Mutter (hat ihr Medizinstudium abgebrochen, um sich aufopfernd der Familie zu widmen, und sammelt für irgendwelche Hilfsorganisationen), der ältere Bruder (räumt sein Zimmer auf), der jüngere Bruder (räumt auch sein Zimmer auf), die ältere Schwester (hilft der Mutter im Garten), die jüngere Schwester (hilft ebenfalls der Mutter im Garten), der eine Onkel (ist Arzt), der andere Onkel (ist Anwalt), der dritte Onkel (hat zumindest studiert), der vierte Onkel (hat das Bundesverdienstkreuz), der Cousin väterlicherseits (arbeitet in den Ferien am Fließband), der Cousin mütterlicherseits (geht sonntags immer mit spazieren), der Sohn von einem Nachbarn (weiß schon, was er werden will), der Sohn vom anderen Nachbarn (trägt Zeitungen aus, so daß ihm kaum Zeit zum Lernen bleibt, und trotzdem hat er keine Probleme in der Schule) – kurz: Alle wichtigen Aufgaben der Welt sind bereits in besten Händen, so daß für einen selbst leider keine mehr übrigbleibt.

Vordermann

Bietet letzte Möglichkeit eines Versteckes durch schnelles, geschmeidiges Niederducken, wenn der Blick des Lehrers über die Klasse schweift, um den Übersetzer der nächsten halben Seite im Lateinbuch auszumachen. Leider fällt jedoch der Vordermann in der Schule nie so riesig aus wie der, der immer im Kino vor einem sitzt.

---

vorsagen

Unerlaubte Aushilfe mit einem bestimmten Wissensbetrag, über den der Banknachbar im Augenblick nicht verfügt und den man selbst gerade vorrätig hat. In der Hoffnung, er zahlt ihn eines Tages bei ähnlicher Gelegenheit zurück.

Vorschule

Pädagogische Abschußrampe.

Vorbilder
LUDWIG II · KÖNIG VON BAYERN · 1845-1

Waldorfschule

W

Wahlfach

Unterrichtsfach, in dem man sich besonders sattelfest und prüfungsbereit fühlt, so daß man auf einige davon den Akzent beim Abitur legen kann. Hat zur Folge, daß wir in Zukunft ein Überangebot an künstlerisch interessierten Religions-Turnlehrern haben werden.

Waldorf-Schule

Auf den Anthroposophen Rudolf Steiner zurückgehende Schulen, die sich vor allem dadurch auszeichnen, daß es keine Noten gibt und jeder versetzt wird. Beweist aber in der Praxis immer wieder, daß eine Schule ohne Noten auf Dauer ebenso langweilig sein kann wie ein immerwährender Urlaub auf Hawaii.

Walkman

Modernes Gerät der Unterhaltungs-Elektronik, mit dem man sich die Ohren verstopfen kann, um besser zu hören.

Wandertag

Das Ausnutzen der grundsätzlichen Bereitschaft des Menschen, sich über die Natur zu freuen, wenn er dafür nicht in die Schule muß.

Werbung

Besteht darauf, daß man mit einem bestimmten Schokoladenriegel die Schule schöner findet, und wird von der Lobby der Zahnärzte finanziert, die sich dadurch gegen drohende Einkommenseinbußen aufgrund des Kostendämpfungsgesetzes absichern wollen. Zeigt außerdem, wie man sich gegen Grippe schützen kann, und glaubt, das würde wirklich einer tun.

wiederholen

1. Klasse: Die Erlaubnis, eine Sache noch mal tun zu dürfen, die einem schon beim ersten Mal nicht gefallen hat.
2. Stoff: Der eigenartige Versuch herauszufinden, ob man die Vokabeln von vorgestern noch behalten hat, wo einem dies noch nicht einmal mit denen von gestern gelungen ist.

Wissen	Das, was man sich nebenher selbst beibringt, um nach Verlassen der Schule nicht völlig dumm dazustehen.
Wortschatz	Sprachliche Grundausstattung, mit der man die wichtigsten Vorkommnisse artikulieren kann. Besteht im wesentlichen aus drei Ausdrücken: „Samma . . ." bedeutet soviel wie: Sag mal! (in leicht empörten Tonfall gesprochen) und wird verwendet als Reaktion auf alle Ansprachen, bei denen in der Ferne eine Zumutung (Rasen mähen) aufglimmt. Dann: „Gelall!", was soviel wie: Alles nur dummes Gerede! heißen soll und vor allem benutzt wird bei dem Ansinnen, sich doch etwas mehr um die schulischen Belange zu kümmern, mal ein Buch zu lesen oder sich eine Diskussion über Jugendarbeitslosigkeit anzusehen. Schließlich: „Voll top", was einen Ausruf höchster Begeisterung darstellt und beispielsweise beim Betrachten einer Filmszene in Anwendung kommt, in der ein Weltraumungeheuer dem Bauch eines Astronauten entsteigt.

Z

Zeichnen	Auch Bildende Kunst. Unterrichtsfach, in dem man sich mit Ergebnissen schlechte Noten einhandeln kann, für die andere auf Ausstellungen begeisterte Kritiken und Höchstpreise erzielen.
Zeit, gute alte	Diese, in 50 Jahren.
Zeugnis	Die immer wieder neue Überraschung, daß man mündlich anscheinend gar nicht so schlecht gewesen ist.
Zeugniskonferenz	Anderer Ausdruck für: Die Geschworenen haben sich zur Beratung zurückgezogen.
Zeugnisvergabe	Oder: Das Prinzip Hoffnung.

Wissen

Zusammenarbeit Häusliche: Sah in der Praxis so aus, daß die Kinder ihren Eltern mit viel Mühe die Neue Mathematik beibrachten, so daß diese dann wiederum den Kindern bei den Hausaufgaben in Neuer Mathematik helfen konnten. Hatte zur Folge, daß Kinder mit weniger intelligenten oder weniger lernbereiten Eltern in der Schule häufig Schwierigkeiten hatten. Bis sich die Eltern dieses schlechte Abschneiden ihres Kindes in der Schule zu Herzen nahmen und sich wieder fleißiger hinter ihre Schulbücher klemmten. Eltern, die besonders schwer von Begriff waren, mußten sogar in der Schule Nachhilfestunden nehmen, um mit den Leistungen ihres Kindes Schritt halten zu können und bei Fragen nicht dumm dazustehen.

Zuspätkommen Deutliches Ergebnis der Humanisierung der Schule. Während in früheren Zeiten das Zuspätkommen den Alptraum jedes Schülers darstellte, ist es heute schon so, daß sich der Lehrer dafür entschuldigt, bereits angefangen zu haben.

Zwergschule Kleine Bildungsmanufaktur auf dem flachen Land, deren Produkte in aller Regel ohne jede psychotherapeutische Imprägnierung auskommen.

Zwischenzeugnis Oder: Das Urteil ist zur Bewährung ausgesetzt.

Zuspätkommen

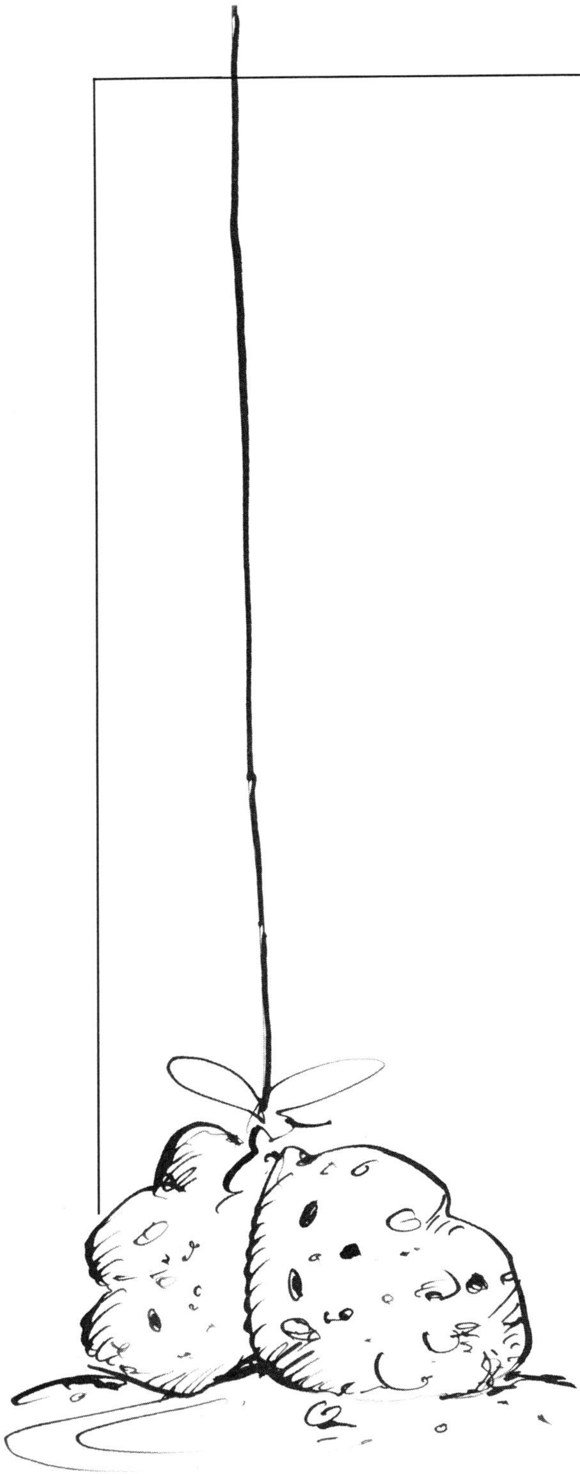

ISBN 3-8231-0135-8

ISBN 3-8231-0543-4

ISBN 3-8231-0126-9

ISBN 3-8231-0176-5

ISBN 3-8231-0166-8

ISBN 3-8231-0139-0

ISBN 3-8231-0116-1

ISBN 3-8231-0173-0

ISBN 3-8231-0177-3

ISBN 3-8231-0105-6

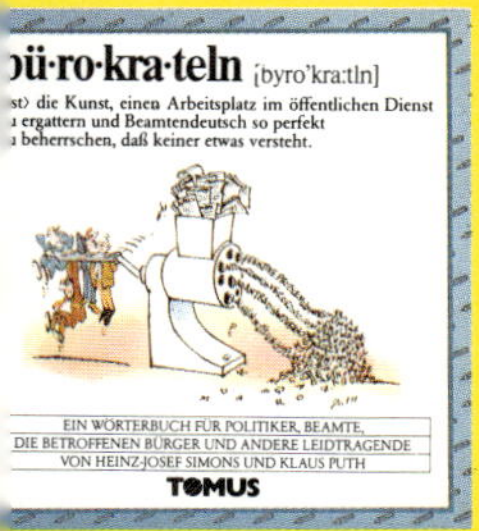

ISBN 3-8231-0138-2

Fröh·li·che Wör·ter·bü·cher von A bis Z

ISBN 3-8231-0136-6

ISBN 3-8231-0159-5

ISBN 3-8231-0179-X

ISBN 3-8231-0110-2

ISBN 3-8231-0162-5

ISBN 3-8231-0181-1

ISBN 3-8231-0545-0

ISBN 3-8231-0101-3

ISBN 3-8231-0120-X

ISBN 3-8231-0137-4

ISBN 3-8231-0121-8

ISBN 3–8231–0152–8

ISBN 3–8231–0157–9

ISBN 3–8231–0122–6

ISBN 3–8231–0144–7

ISBN 3–8231–0114–5

ISBN 3–8231–0113–7

ISBN 3–8231–0541–8

ISBN 3–8231–0554–2

ISBN 3–8231–0107–2

ISBN 3–8231–0128–5

ISBN 3–8231–0112–9

ISBN 3–8231–0542–6

ISBN 3–8231–0149–8

ISBN 3-8231-0546-9

ISBN 3–8231–0147–1

ISBN 3-8231-0187-0

ISBN 3–8231–0167–6

ISBN 3–8231–0540–X

ISBN 3–8231–0129–3

ISBN 3–8231–0143–9

ISBN 3–8231–0168–4

ISBN 3–8231–0119–6

ISBN 3–8231–0123–4

ISBN 3–8231–0134–X

ISBN 3–8231–0154–4

ISBN 3-8231-0163-3

ISBN 3-8231-0164-1

ISBN 3-8231-0169-2

ISBN 3-8231-0170-6

ISBN 3-8231-0124-2

ISBN 3-8231-0539-6

ISBN 3-8231-0140-4

ISBN 3-8231-0538-3

ISBN 3-8231-0185-4

ISBN 3-8231-0117-X

ISBN 3-8231-0171-4

Fröh·li·che Wör·ter·bü·cher von A bis Z

ISBN 3-8231-0156-0

ISBN 3-8231-0109-9

ISBN 3-8231-0175-7

ISBN 3-8231-0172-2

ISBN 3-8231-0535-3

ISBN 3-8231-0174-9

ISBN 3-8231-0537-X

ISBN 3-8231-0111-0

ISBN 3-8231-0536-1

ISBN 3-8231-0183-8

ISBN 3-8231-0184-6

ISBN 3–8231–0151–X

ISBN 3–8231–0130–7

ISBN 3–8231–0158–7

ISBN 3–8231–0125–0

ISBN 3–8231–0131–5

ISBN 3-8231-0530-2

ISBN 3-8231-0531-0

ISBN 3–8231–0141–2

ISBN 3–8231–0150–1

ISBN 3–8231–0145–5

ISBN 3–8231–0146–3

ISBN 3–8231–0115–3

ISBN 3-8231-0178-1

ISBN 3–8231–0118–8

ISBN 3–8231–0103–X

ISBN 3–8231–0155–2

ISBN 3–8231–0161–7

ISBN 3–8231–0160–9

ISBN 3–8231–0132–3

ISBN 3–8231–0133–1

ISBN 3–8231–0148–X

ISBN 3–8231–0142–0

ISBN 3-8231-0186-2

ISBN 3-8231-0547-7

TOMUS-Bücher machen Spaß